LES CARRÉS DCG 9

2018-2019

Béatrice et Francis Grandguillot

INTRODUCTION À LA COMPTABILITÉ

43 fiches de cours
pour acquérir les connaissances nécessaires

100% UTILE

Gualino
une marque de Lextenso

LES CARRÉS DCG

De véritables fiches de cours pour :
- acquérir toutes les connaissances qui figurent au programme, les revoir facilement à tout moment et les mémoriser ;
- savoir bien utiliser vos connaissances pour réussir votre épreuve.

Béatrice et Francis Grandguillot sont professeurs de comptabilité et de gestion dans plusieurs établissements d'enseignement supérieur. Ils sont également auteurs de nombreux ouvrages dans ces matières.

Dans la même collection :

- DCG 1 - Introduction au Droit, 3e éd. 2016-2017 (L. Simonet).
- DCG 2 - Droit des sociétés, 7e éd. 2018-2019 (L. Simonet).
- DCG 2 - Exercices corrigés de Droit des sociétés, 3e éd. 2016-2017 (L. Simonet).
- DCG 3 - Droit social, 9e éd. 2018-2019 (B. et F. Grandguillot).
- DCG 4 - Droit fiscal, 9e éd. 2018-2019 (B. et F. Grandguillot et P. Recroix).
- DCG 4 - Exercices corrigés de Droit fiscal, 6e éd. 2018-2019 (B. et F. Grandguillot et P. Recroix).
- DCG 6 - Finance d'entreprise, 8e éd. 2018-2019 (P. Recroix).
- DCG 6 - Exercices corrigés de Finance d'entreprise, 5e éd. 2017-2018 (P. Recroix).
- DCG 7 - Management, 9e éd. 2018-2019 (A. Cavagnol, P. Roulle).
- DCG 7 - Exercices corrigés de Management, 3e éd. 2016-2017 (A. Cavagnol, C. Maisonneuve).
- DCG 8 - Systèmes d'information de gestion, 4e éd. 2016-2017 (L. Monaco).
- DCG 9 - Introduction à la comptabilité, 9e éd. 2018-2019 (B. et F. Grandguillot).
- DCG 9 - Exercices corrigés d'Introduction à la comptabilité, 8e éd. 2018-2019 (B. et F. Grandguillot).
- DCG 10 - Comptabilité approfondie, 9e éd. 2018-2019 (P. Recroix).
- DCG 10 - Exercices corrigés de Comptabilité approfondie, 7e éd. 2018-2019 (P. Recroix).
- DCG 11 - Contrôle de gestion, 7e éd. 2018-2019 (C. Baratay, L. Monaco).
- DCG 11 - Exercices corrigés de Contrôle de gestion, 5e éd. 2018-2019 (C. Baratay).
- DCG 13 - Relations professionnelles, 3e éd. 2016-2017 (A. Cavagnol, C. Straub).

70, rue du Gouverneur Général Éboué
92131 Issy-les-Moulineaux cedex
ISBN 978 - 2 - 297 - 06930 - 4
ISSN 2269-2304

Sommaire

1 La méthode comptable

2 L'analyse comptable des opérations courantes

3 Les travaux d'inventaire

4 L'organisation pratique de la comptabilité

5 Les documents de synthèse

La normalisation comptable et le Plan comptable général (PCG)

FICHE 1

1 ♦ DÉFINITION ET RÔLE DE LA COMPTABILITÉ GÉNÉRALE

La comptabilité générale est définie comme *un système d'organisation de l'information financière* qui permet de saisir, de classer, d'enregistrer des données de base chiffrées et de présenter des états financiers (comptes annuels) reflétant une image fidèle du patrimoine, de la situation financière à une date donnée et du résultat de l'exercice de l'entreprise issu de son activité.

États financiers		
Bilan	Compte de résultat	Annexe
État du patrimoine de l'entreprise à une date donnée	État reflétant l'activité de l'entreprise pendant 12 mois et qui permet de déterminer le résultat de l'exercice	État comptable qui comporte des informations significatives complétant et expliquant le contenu du bilan et du compte de résultat

Les informations financières fiables, fournies périodiquement par les états financiers (bilan, compte de résultat, annexe) rendent compte de la ***vie économique*** de l'entreprise dans son ensemble.

L'exploitation de ces informations par les ***utilisateurs intéressés*** (les dirigeants, les associés, l'État, les banques, les fournisseurs, les clients, le personnel…) leur permet d'apprécier la gestion de l'entreprise, sa performance, sa capacité bénéficiaire et de prendre des décisions en fonction de la vision qu'ils ont de l'entreprise.

Par exemple, à l'aide de l'étude de la situation financière, les banques s'attacheront à la capacité d'endettement de l'entreprise pour prendre la décision de lui accorder ou non un emprunt.

Les dirigeants de l'entreprises se serviront des états financiers ***pour effectuer un diagnostic financier*** (étude de l'activité, de la rentabilité, de la solvabilité ou pour établir des prévisions de trésorerie, de production, de ventes…).

La comptabilité générale (ou comptabilité financière) constitue à la fois :

– un outil de contrôle des opérations ;

– un moyen de preuve juridique en cas de litige ;

– une obligation légale (toute entité doit tenir une comptabilité) ;

– un moyen de calcul de l'assiette des impôts (base) ;

– une source d'information d'ordre financier sur la situation et l'évolution de l'entreprise ;
– une aide à la prise de décision sur le plan financier.

La comptabilité générale distingue deux types de travaux comptables : les ***opérations courantes*** et les ***opérations de fin d'exercice*** (travaux d'inventaire).

Les experts-comptables et les commissaires aux comptes sont les garants de l'intégrité du système d'information comptable.

2 ♦ LA NORMALISATION COMPTABLE

La normalisation comptable est un ensemble de normes qui définit des règles, des principes, des méthodes d'élaboration et de présentation des comptes des entreprises de manière à les rendre plus fiables, transparents et comparables dans le temps d'une entité à l'autre, à l'intérieur d'un même pays ou d'un pays à l'autre, dans l'objectif de renseigner au mieux les utilisateurs. Pour être applicables, les normes doivent être intégrées au droit comptable, donc réglementées d'où l'élaboration de référentiels comptables.

A – L'Autorité des normes comptables

L'Autorité des normes comptables (ANC) a été créée en France en 2009. Elle est l'unique régulateur comptable.

Ses missions sont les suivantes :

– ***établir*** sous forme de règlements les prescriptions comptables générales et sectorielles que doivent respecter les personnes physiques et morales soumises à l'obligation légale d'établir des documents comptables conformes aux normes de la comptabilité privée. Une fois adoptés par le collège de l'ANC, les règlements sont publiés au Journal officiel après homologation par arrêté par le ministre chargé de l'Économie, pris après avis du garde des Sceaux, ministre de la Justice et du ministre chargé du Budget ;
– ***donner un avis*** sur toute disposition législative ou réglementaire contenant des mesures de nature comptable applicables aux personnes précitées, élaborée par les autorités nationales ;
– ***émettre de sa propre initiative*** ou à la demande du ministre chargé l'économie, des avis et prises de position dans le cadre de la procédure d'élaboration des normes comptables internationales ;
– ***veiller*** à la coordination et la synthèse des travaux théoriques et méthodologiques conduits en matière comptable ; elle propose toute mesure dans ces domaines, notamment sous forme d'études et de recommandations.

B – Les sources des règles comptables

Les règles comptables proviennent de plusieurs sources.

Les sources législatives et réglementaires françaises
Code de commerce : articles L. 123-12 à L. 123-28 et R. 123-172 à R. 123-208 ***Plan comptable général*** (PCG) : règlement 2014-03 mis à jour par tout nouveau règlement de l'ANC

La doctrine française
Avis, communiqués et recommandations de l'ANC ***Avis et recommandations*** de l'Ordre des experts-comptables (OEC) et de la Compagnie nationale des commissaires aux comptes (CNCC), dont plusieurs membres font partie de l'ANC ***Règlements, instructions, avis et recommandations*** de l'Autorité des marchés financiers (AMF) dont une représentante fait partie de l'ANC

Les sources comptables européennes et internationales
Règlements et directives adoptés par la Commission européenne et le Conseil de l'Union européenne ***Normes IFRS*** élaborées par l'*IASB* et soumises à un mécanisme d'adoption européen

C – Les référentiels comptables

Deux référentiels comptables sont actuellement applicables en France par les sociétés commerciales : le référentiel français et le référentiel IFRS.

Leur application dépend du type de société (société cotée ou non) et de la nature des comptes à établir (comptes individuels ou sociaux et comptes consolidés).

Nature des comptes	Type de société	Référentiel
Comptes individuels	Société non cotée et société cotée	Référentiel français : normes comptables PCG (règlement 2014-03 version consolidée au 1er janvier 2018)
Comptes consolidés	Société non cotée	Référentiel français : règlement CRC 99-02 version consolidée au 1er janvier 2017 ou sur option référentiel IFRS européen
	Société cotée	Référentiel IFRS européen

Précisons que les règlements 2014-03 et CRC 99-02 ont été modifiés suite aux textes qui ont transposé la directive comptable unique 2013/34/06 du 26 juin 2013 relative aux états financiers annuels et consolidés. Les nouvelles règles introduites sont applicables depuis le 1er janvier 2016.

D – Les allègement des obligations comptables des petites entreprises

Depuis 2014, dans le cadre de la transposition de la directive comptable unique, plusieurs textes sont venus ***alléger et préciser*** les obligations comptables des plus petites entreprises. Leurs dispositions sont désormais intégrées dans le Code de commerce et le Plan comptable général.

Par ailleurs, la loi Macron du 6 août 2015 permet :

– ***aux micro-entreprises, personnes morales, « en sommeil*** »,*** d'établir un bilan et un compte de résultat ***abrégés*** dès lors qu'elles n'emploient aucun salarié et qu'elles ne modifient pas la structure de leur bilan. Quant aux micro-entreprises, personnes physiques, ***« en sommeil* »,*** elles sont dispensées d'établir un bilan et un compte de résultat. Précisons que ces allègements sont limités à deux ans au plus et cessent en cas de reprise de l'activité ;

* *« en sommeil » :* Entreprise ayant effectué une inscription de cessation totale ou temporaire d'activité

– ***aux petites entreprises***, d'opter pour l'absence de publication de leur ***compte de résultat***.

Les allègements des obligations comptables des petites entreprises sont présentés dans le tableau suivant :

Catégories d'entreprises (commerçants personnes physiques ou morales)	**Allègements comptables relatifs aux comptes annuels**
Micro-entreprise*	
Elle ne dépasse pas, au titre du dernier exercice clos, sur une base annuelle, 2 des 3 seuils suivants : – total de bilan ≤ 350 000 € – CA net ≤ 700 000 € – salariés ≤ 10	***Dispense*** de l'annexe mais informations complémentaires à fournir à la suite du bilan ***Présentation*** simplifiée du bilan et du compte de résultat (pour celle *« en sommeil »* voir ci-dessus) ***Dépôt*** des comptes annuels au greffe du Tribunal de commerce mais possibilité de ne pas les rendre publics, à condition de les accompagner d'une déclaration de confidentialité
Petite entreprise*	
Elle ne dépasse pas, au titre du dernier exercice clos, sur une base annuelle, 2 des 3 seuils suivants : – total de bilan ≤ 4 M€ – CA net ≤ 8 M€ – salariés ≤ 50	***Présentation*** simplifiée du bilan, du compte de résultat et de l'annexe ***Dépôt*** des comptes annuels au greffe du Tribunal de commerce mais possibilité (sauf pour les petites entreprises appartenant à un groupe) de ne pas rendre public le compte de résultat, à condition de l'accompagner d'une déclaration de confidentialité.

* Sont exclus de ces catégories les établissements bancaires, les entreprises d'assurances et mutuelles, les sociétés cotées

Ces allégements comptables s'ajoutent à ceux qui s'appliquent aux entreprises en fonction de leur régime d'imposition et de leur personnalité juridique. Ainsi :

– ***les entreprises individuelles*** imposées au régime fiscal des micro-entreprises doivent tenir un livre enregistrant chronologiquement les recettes ; enregistrer les achats lorsque leur activité est de vendre des marchandises, des fournitures et des denrées à emporter ou à consommer sur place, ou des fournitures de logement. Elles sont dispensées de comptes annuels ;

– ***les sociétés commerciales*** placées sur option ou de plein droit sous le régime simplifié d'imposition (RSI) peuvent tenir une comptabilité de trésorerie en cours d'exercice, n'enregistrer les créances et les dettes qu'à la clôture de l'exercice. Elles peuvent opter pour une présentation simplifiée des comptes annuels et pour une présentation abrégée de l'annexe.

3 ♦ LE PLAN COMPTABLE GÉNÉRAL (PCG)

A – Définition et évolution

Le PCG regroupe l'ensemble des dispositions réglementaires applicables obligatoirement en France à toutes les entreprises industrielles et commerciales ainsi qu'aux autres entités tenues d'établir des comptes annuels. Il est présenté sous formes d'articles et contient exclusivement les dispositions relatives à la comptabilité générale qui a pour objet d'enregistrer toutes les opérations affectant le patrimoine de l'entreprise.

Le règlement 2014-03 de l'ANC du 5 juin 2014 relatif au PCG, homologué par arrêté du 8 septembre 2014 publié au JO le 15 octobre 2014 a abrogé le règlement CRC99-03.

Le PCG a été restructuré à partir d'un nouveau plan thématique et d'une nouvelle numérotation des articles pour le rendre plus accessible aux utilisateurs. Il est organisé en 4 grands livres divisés en 9 titres et chapitres, sections, sous sections et articles. Construit à droit constant, il évolue de manière continue et permanente par intégration au fur et à mesure des nouveaux règlements de l'ANC. Par exemple, la version consolidée du PCG au 1er janvier 2018 intègre notamment le règlement 2017-01 du 5 mai 2017 et qui porte principalement sur la modification de la comptabilisation et de l'évaluation des opérations de fusion et des opérations assimilées.

L'ANC a également publié en juin 2014 ***le recueil des normes comptables françaises*** qui rassemble en un seul document l'ensemble des textes comptables règlementaires sous forme d'articles (PCG), identifiables par leur couleur noire et non règlementaires sous forme de commentaires (avis, recommandations, communiqués...) identifiables par leur couleur bleue, portant sur l'élaboration des comptes annuels et rédigés par les institutions chargées de la normalisation comptable.

Il est organisé en ***deux parties*** :

– les dispositions comptables du Code de commerce ;

– le PCG complété par des éléments de doctrine comptable.

La mise à jour du recueil est effectuée en continu. Elle est en libre accès sur le site de l'ANC (*www.anc.gouv.fr*).

Le recueil des normes comptables françaises, dans sa version 2018, intègre dans un ***livre V*** l'adaptation du PCG à des secteurs d'activité soumis à des contraintes règlementaires particulières (secteur du logement social, Organisme de gestion collective des droits d'auteurs et droits voisins).

B – Les principes comptables

Les principes codifiés et inscrits dans le PCG sont actuellement les suivants :

Image fidèle	Ce principe n'est pas défini précisément par le PCG. Il est lié aux principes de régularité et de sincérité.
Comparabilité et continuité d'activité	La comptabilité doit permettre d'effectuer des comparaisons périodiques et d'apprécier l'évolution de l'entreprise dans une perspective de continuité d'activité. Pour cela, l'activité de l'entreprise est scindée en périodes successives et indépendantes de 12 mois, appelées « ***exercice*** ».
Régularité et sincérité	La comptabilité est conforme aux règles et procédures en vigueur qui sont appliquées avec sincérité afin de traduire la connaissance que les responsables de l'établissement des comptes ont de la réalité et de l'importance relative des événements enregistrés. Dans le cas exceptionnel où l'application d'une règle comptable se révèle impropre à donner une image fidèle, il y est dérogé. La justification et les conséquences de la dérogation sont mentionnées dans l'annexe.
Prudence	La comptabilité est établie sur la base d'appréciations prudentes, pour éviter le risque de transfert, sur les périodes à venir, d'incertitudes présentes susceptibles de grever le patrimoine et le résultat de l'entité.
Permanence des méthodes	La cohérence des informations comptables au cours des périodes successives implique la permanence dans l'application des règles et des procédures. Toute exception à ce principe de permanence doit être justifiée par un changement exceptionnel dans la situation de l'entité ou par une meilleure information dans le cadre d'une méthode préférentielle. Les méthodes préférentielles sont celles considérées comme conduisant à une meilleure information par l'organisme normalisateur.

L'ANC a publié le 25 juin 2018 le règlement 2018-01 du 20 avril, en cours d'homologation, relatif notamment aux changements de méthodes comptables et d'estimation modifiant le PCG. L'objectif est d'assouplir les conditions d'un changement de méthode. Ainsi, le nouveau règlement :

– supprime du PCG la condition d'un changement exceptionnel dans la situation de l'entité pour justifier un changement de méthode. Ce dernier doit désormais conduire à la recherche d'une meilleure information financière ;
– remplace la notion de méthode préférentielle par celle de méthode de référence et limite le nombre de méthodes.

Par ailleurs, un choix entre plusieurs méthodes dont aucune n'est qualifiée de méthode de référence est explicitement prévu par le règlement pour traduire certaines opérations telles que l'évaluation des stocks, les subventions d'investissement…

C – La codification comptable

1) Les classes

Le cadre de la comptabilité générale s'articule en ***3 parties*** et ***8 classes*** de comptes :

Comptes de bilan	Comptes de gestion	Comptes spéciaux
Classe 1 : comptes de capitaux Classe 2 : comptes d'immobilisations Classe 3 : comptes de stocks et d'en-cours Classe 4 : comptes de tiers Classe 5 : comptes financiers	Classe 6 : comptes de charges Classe 7 : comptes de produits	Classe 8 : comptes spéciaux

2) La numérotation des comptes

Chaque compte est constitué d'un ***numéro*** (plus il comporte de chiffres, plus il est précis) et d'un ***intitulé***.

Les comptes du Plan comptable général utilisent la ***structure décimale***.

6	Comptes de charges	→	**Classe**
62	*Autres services extérieurs*	→	**Compte principal**
627	Services bancaires et assimilés	→	**Compte divisionnaire**
6276	*Location de coffres*	→	**Sous-compte**

La subdivision maximale prévue est de six chiffres.

L'entreprise peut créer des subdivisions supplémentaires en cas de besoin.

Les principales dispositions particulières concernant la numérotation des comptes sont les suivantes :

(..0)	Les comptes ayant un zéro (..**0**) final au troisième rang ou suivant sont des comptes de regroupement, par exemple : « 41**0** Clients et Comptes rattachés ».
(.8)	Dans les comptes d'immobilisations au bilan, le chiffre (.**8**) au deuxième rang identifie les amortissements pour dépréciation, par exemple : « 2**8**13 Amortissements des constructions ».
(.9)	Dans les comptes de bilan, le chiffre (.**9**) au deuxième rang identifie les dépréciations ; par exemple : « 3**9**1 Dépréciations des matières premières ».
(..9)	Le neuf (..**9**) au troisième rang d'un compte indique que celui-ci fonctionne en sens inverse par rapport aux comptes ayant le même radical à deux chiffres, par exemple : « 60**9** Rabais, remises et ristournes obtenus sur achats ».

3) Les systèmes comptables

Il existe ***trois systèmes de présentation des comptes*** :

Système de base	Système de droit commun comportant les dispositions minimales que doivent tenir les entreprises de moyenne ou grande taille : *comptes imprimés en caractères normaux*.
Système abrégé	Système concernant les entreprises autorisées, compte tenu de leur dimension restreinte, à adopter une présentation simplifiée de leurs comptes annuels : ***comptes imprimés en caractères gras exclusivement***
Système développé	Système facultatif proposant des comptes annuels plus détaillés : ***comptes du système de base et comptes imprimés en caractères italiques***.

4) Le cadre comptable

D'après le Plan comptable général, le résumé du plan de comptes qui présente pour chaque classe la liste des comptes à ***deux chiffres*** consitue le cadre comptable. Il est présenté page 14.

Le plan de comptes est commun au trois systèmes comptables.

Cadre comptable

Comptes de bilan					Comptes de gestion		Comptes spéciaux
Classe 1	**Classe 2**	**Classe 3**	**Classe 4**	**Classe 5**	**Classe 6**	**Classe 7**	**Classe 8**
Comptes de capitaux (capitaux propres, autres fonds propres, emprunts et dettes assimilées)	Comptes d'immobilisations	Comptes de stocks et en-cours	Comptes de tiers	Comptes financiers	Comptes de charges	Comptes de produits	
10. Capital et réserves	20. Immobilisations incorporelles	30. –	40. Fournisseurs et comptes rattachés	50. Valeurs mobilières de placement	60. Achats (sauf 603) 603. Variation des stocks (approvisionnements et marchandises)	70. Ventes de produits fabriqués, prestations de services, marchandises	Cette classe de comptes regroupe les comptes spéciaux qui n'ont pas leur place dans les classes 1 à 7
11 Report à nouveau	21. Immobilisations corporelles	31. Matières premières (et fournitures)	41. Clients et comptes rattachés	51. Banques, établissements financiers et assimilés	61. Services extérieurs	71. Production stockée (ou déstockage)	
12. Résultat de l'exercice	22. Immobilisations mises en concession	32. Autres approvisionnements	42. Personnel et comptes rattachés	52. Instruments de Trésorerie	62. Autres services extérieurs	72. Production immobilisée	
13 Subventions d'investissement	23. Immobilisations en cours	33. En-cours de production de biens	43. Sécurité sociale et autres organismes sociaux	53. Caisse	63. Impôts, taxes et versements assimilés		
14. Provisions réglementées	24. –	34. En-cours de production de services	44. État et autres collectivités publiques	54. Régies d'avance et accréditifs	64. Charges de personnel	74. Subventions d'exploitation	
15. Provisions	25. –	35. Stocks de produits	45. Groupe et associés	55. –	65. Autres charges de gestion courante	75. Autres produits de gestion courante	
16. Emprunts et dettes assimilées	26. Participations et créances rattachées à des participations	36. –	46. Débiteurs divers et créditeurs divers	56. –	66. Charges financières	76. Produits financiers	
17. Dettes rattachées à des participations	27. Autres immobilisations financières	37. Stocks de marchandises	47. Comptes transitoires ou d'attente	57. –	67. Charges exceptionnelles	77. Produits exceptionnels	
18. Comptes de liaison des établissements et sociétés en participation	28. Amortissements des immobilisations	38. –	48. Comptes de régularisation	58. Virements internes	68. Dotations aux amortissements, dépréciations et provisions	78. Reprises sur amortissements, dépréciations et provisions	
19. –	29. Dépréciations des immobilisations	39. Dépréciations des stocks et en-cours	49. Dépréciations des comptes de tiers	59. Dépréciations des comptes financiers	69. Participation des salariés, impôts sur les bénéfices et assimilés	79. Transfert de charges	

L'analyse des opérations et le mécanisme de la partie double

FICHE 2

1 ♦ LA COMPTABILITÉ PAR ENGAGEMENT ET LES FLUX

L'activité économique de l'entreprise s'exprime par des ***échanges ou des transactions***, appelés « *opérations* », réalisés avec des tiers.

Le principe de comptabilisation développé dans ce livre correspond à la ***comptabilité par engagement***. Elle consiste à ***enregistrer*** chronologiquement toutes les opérations qui concernent l'entité et qui ont ***une incidence sur son patrimoine*** (enrichissement ou appauvrissement) à leur date d'engagement et non à leur date de règlement. Il est donc tenu compte ***des créances et des dettes*** de l'entreprise.

Les opérations comptables sont décrites comme des flux.

Chaque opération se caractérise par ***deux flux*** : le plus souvent un flux de biens ou de services et un flux monétaire ou financier.

Chaque flux a un sens : il est ***entrant ou sortant***.

2 ♦ LES NOTIONS D'EMPLOIS ET DE RESSOURCES

Pour chaque opération, on distingue :

– le flux qui procure ***une ressource*** ⇒ l'origine du flux ou le moyen de financement

– le flux qui représente ***l'emploi*** ⇒ la destination du flux ou l'utilisation de financement

Une opération ⇒ deux flux
- une ressource
- un emploi

Pour chaque opération, l'égalité économique suivante est constatée :

Emplois = Ressources

♦ Application

Les opérations suivantes ont été réalisées :

– Achats de marchandises au comptant par chèque bancaire : 250 €

– Ventes de marchandises à crédit : 430 €

– Retrait d'espèces pour alimenter la caisse : 200 €

Opération	Nature des flux	Emploi/Ressource
Achats de marchandises par chèque bancaire	Flux de biens entrant Flux monétaire sortant	Emploi Ressource
Ventes de marchandises à crédit	Flux de biens sortant Flux financier entrant	Ressource Emploi
Retrait d'espèces pour alimenter la caisse	Flux monétaire sortant Flux monétaire entrant	Ressource Emploi

3 ♦ LE COMPTE

A – Définition

Le compte est l'instrument de classement dans lequel sont portés les emplois et les ressources des opérations. Il permet de suivre en détail ***l'évolution en termes monétaires*** d'un élément constitutif du patrimoine ou de l'activité de l'entreprise.

Le compte est identifié par un ***numéro et un intitulé*** fournis par le PCG.

Il se présente sous la forme d'un tableau composé de ***deux parties*** appelées respectivement :

– débit (partie gauche) ;

– crédit (partie droite).

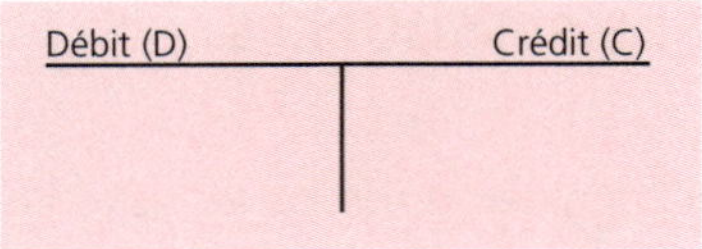

Débiter un compte signifie porter une somme au débit.

Créditer un compte signifie porter une somme au crédit.

B – Le solde du compte

Le solde du compte est égal à la ***différence***, pour une période donnée, entre le total des mouvements débit et le total des mouvements crédit.

Il existe trois ***natures*** différentes :

Solde nul	⇒	Total débit = Total crédit (le compte est dit « soldé »)
Solde débiteur	⇒	Total débit > Total crédit
Solde créditeur	⇒	Total crédit > Total débit

À l'***arrêté*** d'un compte, le solde se trouve du ***côté opposé*** à sa nature.

À la ***réouverture*** d'un compte, le solde se trouve du ***côté de sa nature***.

Attention ! Le solde d'un compte n'est jamais négatif, c'est-à-dire précédé du signe (–).

♦ Application

Calculer les soldes des comptes en **T** *suivants :*

411 Clients

D	C
2 770	1 000
	1 770

707 Ventes de mses

D	C
2 810	13 800
420	6 700
	12 940

512 Banques

D	C
630	1 550
2 800	870
1 300	

411 Clients

	D	C	
	2 770	1 000	
		1 770	
TD	2 770	2 770	TC

Compte soldé

TD = TC

707 Ventes de mses

	D	C	
	2 810	13 800	
	420	6 700	
		12 940	
TD	3 230	33 440	TC
	30 210		

TD < TC

512 Banques

	D	C	
	630	1 550	
	2 800	870	
	1 300		
TD	4 730	2 420	TC
		2 310	

TD > TC

4 ♦ LE MÉCANISME DE LA PARTIE DOUBLE

Chaque opération est comptabilisée sous deux aspects : la Ressource et l'Emploi ; par conséquent, ***dans deux comptes différents au minimum*** :

– un compte qui enregistre la ressource ;

– un compte qui enregistre l'emploi.

Pour chaque opération :

Emplois = Ressources

Par convention :

⇒ ***toutes les ressources s'inscrivent au crédit des comptes***

⇒ ***tous les emplois s'inscrivent au débit des comptes***

Pour chaque opération :

Débit = Crédit

♦ Application

Les opérations suivantes ont été effectuées ce jour :

1 - Achat de mobilier : 350 €, réglé par chèque bancaire.

2 - Versement d'espèces en banque : 150 €.

3 - Ventes de marchandises à crédit : 1 275 €.

4 - Paiement du loyer mensuel par virement bancaire : 2 100 €.

Emploi	Ressource	Traduction comptable				
1 - Acquisition de mobilier	Chèque bancaire	D 2184 Mobilier C	350	D 512 Banques C	350	Débit = Crédit Emploi = Ressource
2 - Dépôt d'espèces en banque	Retrait d'espèces de la Caisse	D 512 Banques C	150	D 530 Caisse C	150	Débit = Crédit Emploi = Ressource
3 - Créance client	Vente de marchandises	D 411 Clients C	1 275	D 707 Ventes de marchandises C	1 275	Débit = Crédit Emploi = Ressource
4 - Loyer	Virement bancaire	D 613 Locations C	2 100	D 512 Banques C	2 100	Débit = Crédit Emploi = Ressource

Les notions de patrimoine, d'activité et le résultat de l'entreprise

FICHE 3

1 ♦ GÉNÉRALITÉS

La comptabilité permet de mesurer, à une date donnée, ***le bénéfice ou la perte*** réalisé par l'entreprise de deux manières différentes, simultanées et complémentaires, à travers deux états de synthèse : le bilan et le compte de résultat.

2 ♦ LE BILAN

A – Définition

Le bilan est un document comptable obligatoire qui fait partie des comptes annuels. C'est une ***image financière de l'entreprise à une date déterminée***.

Le bilan est défini selon deux approches :

Approche patrimoniale du bilan	Approche fonctionnelle du bilan
Le bilan représente la situation patrimoniale de l'entreprise à un moment donné. Il décrit : – ***les éléments actifs*** : éléments identifiables du patrimoine ayant une valeur économique positive pour l'entreprise ; – ***les éléments passifs*** : éléments du patrimoine ayant une valeur économique négative pour l'entreprise. Il fait apparaître ***les capitaux propres*** qui mesurent la valeur nette du patrimoine : **Capitaux propres = Éléments actifs – Éléments passifs**	Le bilan décrit : – ***l'ensemble des emplois*** dont l'entreprise dispose à une date donnée ; – ***l'ensemble des ressources financières*** que l'entreprise s'est procurée. L'ensemble des emplois constitue l'actif du bilan. L'ensemble des ressources constitue le passif du bilan. **Emplois = Ressources** **Actif = Passif**

B – La structure schématique du bilan

Le bilan est un tableau divisé en ***deux parties***. Chaque partie est structurée en rubriques et en postes.

Chaque rubrique comporte plusieurs postes qui possèdent des caractères communs :

Actif immobilisé	Biens et créances destinés à être utilisés ou à rester de façon durable dans l'entreprise.
Actif circulant	Biens et créances liés au cycle d'exploitation et qui n'ont pas pour objet d'être maintenus durablement dans l'entreprise.

Capitaux propres	Ressources de financement mises à la disposition de l'entreprise de façon permanente.
Dettes	Ressources de financement externes mises à la disposition de l'entreprise de façon temporaire.

La présentation schématique du bilan est la suivante :

Éléments d'actifs ou ensemble des emplois

Capitaux propres et éléments passifs ou ensemble des ressources de financement

Actif (emplois)	**Bilan**		(ressources) **Passif**
Actif immobilisé Immobilisations incorporelles Immobilisations corporelles Immobilisations financières **Actif circulant** Stocks et en-cours Créances Valeurs mobilières de placement Disponibilités		**Capitaux propres** Capital Réserves Résultat ± **Dettes** Dettes financières Dettes d'exploitation Dettes diverses	
	Total général		Total général

Le bilan regroupe les comptes des classes ***1 à 5*** du PCG.

C – Le résultat

Le bilan de fin d'exercice, après 12 mois d'activité, permet de constater le résultat de l'entreprise par déséquilibre entre l'actif et le passif :

Actif – Passif = Résultat

Résultat = Bénéfice si Actif > Passif
Perte si Actif < Passif

Le résultat, bénéfice ou perte, fait partie des capitaux propres. Il est affecté du signe + en cas de bénéfice et du signe – en cas de perte.

3 ♦ LE COMPTE DE RÉSULTAT

A – Définition

Le compte de résultat est un document comptable obligatoire qui fait partie des comptes annuels. ***Il décrit pour une période donnée (l'exercice) l'activité de l'entreprise***.

Établi à la fin de l'exercice, le compte de résultat regroupe :

– ***l'ensemble des coûts engagés***, appelés charges au cours d'un exercice pour les besoins de l'activité de l'entreprise ;

– ***l'ensemble des revenus***, appelés produits ***générés*** par son activité pour le même exercice.

Il permet de ***déterminer le résultat de l'exercice*** qui doit être identique à celui constaté au bilan de fin d'exercice.

B – La structure schématique du compte de résultat

Le compte de résultat est scindé en ***deux parties***. Chaque partie est structurée en rubriques et en postes.

Actuellement, le PCG a prévu ***trois grandes familles de charges et de produits*** classées en six rubriques symétriques comportant plusieurs postes et correspondant à trois activités différentes :

Activité d'exploitation

Charges d'exploitation	Produits d'exploitation
Coûts occasionnés par l'activité normale de l'entreprise	Revenus issus de l'activité normale de l'entreprise

Activité financière

Charges financières	Produits financiers
Coûts de financement de l'entreprise	Revenus financiers procurés par des placements ou des paiements anticipés

Activité exceptionnelle

Charges exceptionnelles	Produits exceptionnels
Coûts non liés à l'activité normale de l'entreprise	Revenus occasionnés essentiellement par la cession d'actifs immobilisés

La directive comptable unique, transposée en droit national par l'ordonnance et le décret du 23 juillet 2015 relatifs aux obligations comptables des commerçants prévoit une évolution de la stucture du compte de résultat comme :

– le classement des charges et des produits par nature ou par fonction ;

– la suppression de la catégorie des charges et des produits exceptionnels. Actuellement, le résultat exceptionnel est maintenu dans le Code de commerce, malgré sa suppression dans la directive comptable unique. Notons que les prochains travaux de l'ANC devraient être consacrés notamment au résultat exceptionnel.

La présentation schématique du compte de résultat est la suivante :

Compte de résultat

	Charges (coûts)		**Produits** (revenus)		
Coûts ou emplois de l'activité	Charges d'exploitation Charges financières Charges exceptionnelles Impôt sur les bénéfices Résultat de l'exercice (bénéfice)	Total général	Produits d'exploitation Produits financiers Produits exceptionnels Résultat de l'exercice (perte)	Total général	Revenus ou ressources de l'activité

Le compte de résultat regroupe les comptes des classes ***6 et 7*** du PCG.

C – Le résultat

Le résultat de l'exercice s'obtient à l'aide du calcul suivant :

Total des produits – Total des charges = Résultat

Résultat = Bénéfice si Produits > Charges
Perte si Produits < Charges

Le bénéfice est placé du côté des charges et la perte est placée du côté des produits pour équilibrer le compte de résultat.

4 ♦ LA DOUBLE DÉTERMINATION DU RÉSULTAT

Au cours de l'exercice comptable (période de 12 mois), l'entreprise réalise deux types d'opérations :

– ***les opérations de gestion***
- Charges ⇒ qui appauvrissent le patrimoine
- Produits ⇒ qui enrichissent le patrimoine

– ***les opérations de patrimoine*** qui modifient uniquement la structure du patrimoine sans dégager de résultat.

En conséquence, toutes les opérations comptabilisées au cours d'un exercice font varier le patrimoine de l'entreprise mais ***seules les opérations de gestion génèrent un résultat***.

La comparaison entre le bilan établi au premier jour de l'exercice et celui présenté au dernier jour de l'exercice fait apparaître ***une variation du patrimoine*** exprimant l'enrichissement ou l'appauvrissement constaté au cours de l'exercice et ***correspondant au résultat*** (bénéfice ou perte) déterminé au compte de résultat.

Résultat = Produits – Charges
= Variation de patrimoine entre le début et la fin de l'exercice

♦ Application

Le bilan de départ de la société Zoé se présente ainsi :

Actif **Bilan**

Actif circulant Disponibilités	50 000	Capitaux propres Capital	50 000
Total	50 000	Total	50 000

La société a réalisé les opérations suivantes :
1 – Emprunt à sa banque : 6 000 €
2 – Achat de marchandises à crédit : 8 000 €
3 – Ventes à crédit des marchandises achetées : 18 000 €
4 – Constat des salaires payés au personnel : 4 600 €
5 – Acquisition au comptant d'une imprimante : 1 600 €

Analyse des opérations :

Opérations	Opérations de gestion	Opérations de patrimoine	Variation du patrimoine	Résultat
1		X	Modification de structure Dettes : + 6 000 Disponibilités : + 6 000	Nul
2	X		Appauvrissement Dettes : + 8 000	Augmentation des coûts Charges : + 8 000 ⇒ Perte
3	X		Enrichissement Créances : + 18 000	Augmentation des revenus Produits : + 18 000 ⇒ Bénéfice
4	X		Appauvrissement Disponibilités : – 4 600	Augmentation des coûts Charges : + 4 600 ⇒ Perte
5		X	Modification de structure Immobilisations corporelles : + 1 600 Disponibilités : – 1 600	Nul

Tableaux de synthèse :

Bilan au 31 décembre N

Actif		Passif	
Actif immobilisé		**Capitaux propres**	
Immobilisations corporelles	1 600	Capital	50 000
Actif circulant		Résultat	**5 400**
Créances	18 000	**Dettes**	
Disponibilités	49 800	Dettes financières	6 000
		Dettes d'exploitation	8 000
Total	69 400	Total	69 400

Bénéfice = 69 400 – 64 000

Compte de résultat

Charges		Produits	
Charges d'exploitation	12 600	**Produits d'exploitation**	18 000
Résultat de l'exercice (Bénéfice)	**5 400**		
Total	18 000	Total	18 000

Bénéfice = 18 000 – 12 600

FICHE 4

L'organisation comptable de base

1 ♦ LE PRINCIPE DU SYSTÈME CLASSIQUE

Chaque opération comptable doit être justifiée par un ***document***.

Les documents fournissent les données introduites dans le système d'organisation comptable : ils s'intitulent alors ***pièces justificatives***.

Le système « ***classique*** » à journal unique représente l'organisation comptable de base. Il s'articule autour de trois documents :

Journal ⇒ Grand livre ⇒ Balance

2 ♦ LE JOURNAL

Le journal est un document comptable ***obligatoire*** ; il enregistre ***chronologiquement*** les mouvements affectant le patrimoine de l'entreprise.

Chaque écriture comporte la date de l'opération, les numéros et les intitulés des comptes mouvementés, la (ou les) valeur(s) portée(s) au débit et au crédit, le libellé (nature et référence de la pièce justificative, nom du tiers...).

Pour chaque écriture on constate :

Débit = Crédit

La présentation d'une écriture (ou « *article* ») est la suivante :

	Date		
N° du compte ……	Intitulé du (ou des) compte(s) débité(s) ……	Valeur débit ……	
N° du compte ……	Intitulé du (ou des) compte(s) crédité(s) ……		Valeur crédit ……
	Libellé (pièce justificative) ; nom du tiers concerné		

Pour chaque totalisation, l'égalité suivante doit être respectée :

Total débit = Total crédit

3 ♦ LE GRAND LIVRE

Le grand livre est un document comptable ***obligatoire*** ; il regroupe ***l'ensemble des comptes*** d'une entreprise. Ces comptes sont alimentés en renseignements à partir du journal. Le grand livre éclate donc les écritures du journal dans les différents comptes concernés.

Le grand livre peut être enrichi par la création de ***grands livres auxiliaires (GLA)***, regroupant un ensemble de comptes spécialisés par nature, appelés comptes individuels (fournisseurs, clients...).

4 ♦ LA BALANCE

La balance générale est un ***tableau*** dans lequel sont reportés les comptes du grand livre dans l'ordre du PCG. Sa présentation est la suivante :

Numéros	Intitulés	Mouvements		Soldes	
		Débit	Crédit	Débiteur	Créditeur
		Total des débits = Total des crédits		Soldes débiteurs = Soldes créditeurs	

Les totaux du journal doivent être ***égaux*** au total des mouvements de la balance. Cette égalité est issue du report des écritures du journal dans le grand livre.

Les balances auxiliaires (ou relevés nominatifs) sont des documents récapitulatifs de tous les comptes individuels (clients, fournisseurs...) ; elles sont établies à partir des GLA.

♦ Application

Liste des opérations effectuées et à comptabiliser :

1 - Apport d'un capital déposé à la banque :	*30 000 €*
2 - Achats de marchandises à crédit :	*9 200 €*
3 - Ventes de ces mêmes marchandises à crédit :	*10 400 €*
4 - Virement bancaire pour création d'un compte postal :	*1 000 €*
5 - Règlement de la prime d'assurance par chèque postal :	*50 €*
6 - Acquisition d'un véhicule par chèque bancaire :	*11 000 €*

Journal

		1		
512		Banques	30 000	
	101	Capital		30 000
		CH n° …		
		2		
607		Achats de marchandises	9 200	
	401	Fournisseurs		9 200
		FA n° …		
		3		
411		Clients	10 400	
	707	Ventes de marchandises		10 400
		FA n° …		
		4		
514		Chèques postaux	1 000	
	512	Banques		1 000
		VIR n° …		
		5		
616		Primes d'assurance	50	
	514	Chèques postaux		50
		CH n° …		
		6		
2182		Matériel de transport	11 000	
	512	Banques		11 000
		CH n° … ; FA n° …		

Grand livre

512 Banques

D	C
30 000	1 000
	11 000
	SD 18 000

101 Capital

D	C
	30 000
SC 30 000	

401 Fournisseurs

D	C
	9 200
SC 9 200	

607 Achats de marchandises

D	C
9 200	
	SD 9 200

707 Ventes de marchandises

D	C
	10 400
SC 10 400	

411 Clients

D	C
10 400	
	SD 10 400

514 Chèques Postaux

D	C
1 000	50
	SD 950

616 Primes d'assurance

D	C
50	
	SD 50

2182 Matériel de transport

D	C
11 000	
	SD 11 000

Balance

Numéros	Intitulés	Mouvements		Soldes	
		Débit	**Crédit**	**Créditeur**	**Débiteur**
101	Capital		30 000		30 000
2182	Matériel de transport	11 000		11 000	
401	Fournisseurs		9 200		9 200
411	Clients	10 400		10 400	
512	Banques	30 000	12 000	18 000	
514	Chèques postaux	1 000	50	950	
607	Achats de marchandises	9 200		9 200	
616	Primes d'assurance	50		50	
707	Ventes de marchandises		10 400		10 400
	Total	61 650	61 650	49 600	49 600

Tableaux de synthèse

Bilan au 31 décembre N

Actif immobilisé		**Capitaux propres**	
Matériel de transport	11 000	Capital	30 000
Actif circulant		Résultat	**1 150**
Créances	10 400	**Dettes**	
Disponibilités*	18 950	Dettes d'exploitation	9 200
Total	40 350	Total	40 350

* Total du SD des comptes Banques et Chèques postaux : 18 000 + 950 = 18 950

Compte de résultat

Charges d'exploitation*	9 250	**Produits d'exploitation**	10 400
Résultat de l'exercice (Bénéfice)	**1 150**		
Total	10 400	Total	10 400

* Total du SD des comptes Achats et Primes d'assurance : 9 200 + 50 = 9 250

La taxe sur la valeur ajoutée (TVA)

FICHE 5

1 ♦ DÉFINITION

La TVA est un ***impôt indirect sur la consommation***, calculé sur le chiffre d'affaires, collecté par l'intermédiaire de l'assujetti pour le compte de l'État et supporté par le consommateur final.

2 ♦ LES OPÉRATIONS IMPOSABLES

Les personnes qui effectuent de manière ***indépendante, à titre habituel et onéreux***, des livraisons de biens ou de services dans le cadre d'une activité économique sont assujetties à la TVA. ***Les redevables sont des personnes assujetties ou non*** qui acquittent la taxe.

Il existe trois catégories d'opérations imposables :

Opérations imposables par nature
Livraisons de biens corporels (meubles et immeubles) et prestations de services effectuées à titre onéreux par un assujetti agissant en tant que tel.
Opérations imposables par décision de la loi
Importations, acquisitions intracommunautaires, certaines livraisons à soi-même*, de biens ou de services, achats de certains produits à des non redevables.
Opérations imposables sur option
Opérations normalement exonérées (locations de locaux nus à usage professionnel, cessions d'immeubles achevés depuis plus de 5 ans…).

* La livraison à soi-même d'immobilisations affectées aux besoins de l'entreprise n'est plus taxable si l'assujetti est un déducteur intégral.

Certaines opérations sont totalement exonérées de la TVA ***sans option possible*** (exportations, livraisons intracommunautaires…).

3 ♦ LA BASE D'IMPOSITION

Le taux de TVA s'applique sur la base d'imposition ou sur le prix hors taxes :

TVA facturée = Base d'imposition x Taux de TVA

La base d'imposition diffère selon le caractère de l'opération :

Opérations	Base d'imposition	
	Éléments inclus	Éléments exclus
Livraison de biens meubles et de prestations de services	Prix de vente HT + Frais accessoires aux livraisons de biens (commissions, frais de transport, d'emballages…) + Droits de douane + Taxes parafiscales + Intérêts pour délai de paiement.	TVA, réductions de prix, taxes et frais avancés par le fournisseur pour le compte du client et remboursés par ce dernier.
Livraison d'immeubles	Prix de cession ou base réduite à la marge dans certains cas.	
Livraison à soi-même taxable	Coût de revient pour les biens fabriqués (dont tous les frais engagés pour les constructions d'immeubles…). Valeur vénale ou coût d'achat pour les biens prélevés.	
Importation	Valeur en douane.	
Achat à des non assujettis	Prix d'achat majoré des impôts spécifiques éventuels (droits sur les alcools).	

4 ♦ LES TAUX DE TVA APPLICABLES EN FRANCE CONTINENTALE

On distingue quatre taux applicables en France continentale au 1er janvier 2018 :

Taux normal 20 %

Concerne les prestations de services, certains services à la personne et la plupart des produits manufacturés.

Taux intermédiaire 10 %

S'applique aux ventes à consommer sur place et à emporter, fournitures de logement et de repas, services d'aide à la personne non taxés à 20 %, travaux dans les logements achevés depuis plus de 2 ans sauf ceux taxés à 5,5 %, produits d'origine agricole non transformés…

Taux réduit 5,5 %

Produits destinés à l'alimentation humaine (sauf alcools), appareillages pour handicapés, services rendus aux personnes âgées ou handicapées, abonnements relatifs aux livraisons d'électricité et fournitures de chaleur, fournitures de repas dans les cantines scolaires, livres, droits d'entrée dans les cinémas, les discothèques et les spectacles vivants…

Taux particulier 2,10 %

Concerne essentiellement les médicaments remboursables, la presse (publications et services de presse en ligne).

♦ Application

Une facture relative à la vente d'un bien, au taux applicable de 20 %, comporte les éléments suivants :

Prix catalogue :	*1 200 €*
Réduction de prix :	*120 €*
Frais d'installation :	*80 €*
Frais de port :	*45 €*

Base d'imposition : 1 200 – 120 + 80 + 45 = 1 205 €
TVA facturée : 1 205 x 20 % = 241 €

5 ♦ LE MÉCANISME DE LA TVA

En principe, la TVA est collectée par l'assujetti (fournisseur d'un bien ou le pretataire d'un service), pour le compte de l'État, à ***chaque étape du circuit économique*** d'après le mécanisme suivant :

L'assujetti ►

Collecte
auprès de ses clients la TVA facturée sur ses ventes (TVA collectée)

Déduit
la TVA que ses fournisseurs lui ont facturée (TVA déductible)

Reverse
à l'État la TVA due (TVA à décaisser) : TVA collectée – TVA déductible

Toutefois, dans certains cas prévus par la loi, la TVA est à la fois due et déductible par le client assujetti ; alors le redevable n'est plus le fournisseur mais le client. Il s'agit du ***mécanisme d'autoliquidation de la TVA***. Les opérations concernées sont notamment les acquisitions intracommunautaires, les achats de prestations de services internationales, les contrats de sous-traitance dans le secteur du BTP et les importations sur option uniquement. Les schémas comptables de ces opérations seront étudiés au fil des chapitres concernés.

La TVA ne constitue pas une charge pour l'assujetti. Elle n'affecte donc pas le résultat de son activité.

6 ♦ LE FAIT GÉNÉRATEUR ET L'EXIGIBILITÉ

Les règles applicables aux différentes opérations sont les suivantes :

Opérations	Fait générateur	Exigibilité
Livraison de biens corporels	Livraison du bien	
Prestations de services et travaux immobiliers en France	Achèvement de la prestation de services	Encaissement du prix, sauf option TVA sur les débits
Livraison à soi-même taxable*	Première utilisation du bien meuble ou achèvement de l'immeuble	
Acquisition intracommunautaire	Livraison du bien	Le 15 du mois suivant celui au cours duquel le fait générateur est intervenu, ou la date de la facture si elle est antérieure.
Importation	Dédouanement	

* La livraison à soi-même d'immobilisations dont la TVA ouvre intégralement droit à déduction ne sont plus taxables.

♦ Application

La société Balnéa vend et pose des stores. Elle a réalisé les opérations suivantes :
Le 5/9 : vente d'un store banne pour terasse : 2 820 € HT, règlement à 30 jours par chèque ;
Le 8/9 : émission d'une facture pour la pose de stores intérieurs : 1 864 € HT, règlement à 30 jours par virement bancaire.

Le 5/9 : il s'agit d'une livraison de biens meubles corporels. L'exigibilité intervient le 5 septembre, date de livraison et de facturation. La TVA est égale à : 2 820 x 20 % = 564 €

Le 8/9 : il s'agit d'une facturation de prestations de services. L'exigibilité interviendra le 8 octobre, date d'encaissement du prix. La TVA sera égale à : 1 864 x 20 % = 372,80 €

7 ♦ LA COMPTABILISATION DE LA TVA COLLECTÉE ET DE LA TVA DÉDUCTIBLE

La TVA n'est pas une charge pour l'entreprise. Elle représente ***soit une dette***, ***soit une créance*** comptabilisée dans les comptes de tiers appropriés. En conséquence, les produits, les charges et les immobilisations soumis à la TVA sont comptabilisés pour leur montant hors taxes.

Opérations	Analyse de la TVA	Comptabilisation
Ventes	TVA collectée	Dette envers l'État comptabilisée au ***crédit*** du compte « 4457**1** TVA collectée ».
Achats et consommations externes	TVA déductible	Créance sur l'État comptabilisée au ***débit*** du compte « 4456**6** TVA sur autres biens et services ».
Acquisitions d'immobilisations	TVA déductible	Créance sur l'État comptabilisée au ***débit*** du compte « 4456**2** TVA sur immobilisations ».

La TVA non déductible portant sur l'achat de biens et de services (véhicule de tourisme par exemple) est ***un élément du prix d'achat*** et non un impôt.

8 ♦ LES OBLIGATIONS DES ASSUJETTIS

Les assujettis sont soumis à ***certaines formalités et obligations*** telles que :

– la déclaration d'existence et renseignements relatifs à l'activité professionnelle à fournir au centre de formalités des entreprises dans les 15 premiers jours d'activité ;

– l'attribution, par l'administration, d'un numéro individuel d'identification pour faciliter le contrôle des échanges intracommunautaires ;

– l'obligation de délivrer une facture aux clients assujettis ou non ;

– les obligations comptables :
  • distinction entre les opérations imposables ou non et les opérations en suspension de taxe,
  • comptabilisation des factures en faisant apparaître le montant hors taxes et le montant de la TVA,
  • répartition des recettes par taux de TVA ;

– les obligations de déclaration et de paiement de la TVA.

L'établissement de la déclaration périodique de la TVA ainsi que sa comptabilisation font l'objet de la fiche 15.

Les achats et les ventes de biens

FICHE 6

1 ♦ LES DOCUMENTS COMPTABLES

Les achats et les ventes font l'objet de documents comptables constituant des ***pièces justificatives***.

Facture	Facture d'avoir	Relevé de factures
Achats ou Ventes initiaux	Événements postérieurs à la facture	Récapitulatif des sommes à payer sur une période

Les factures peuvent être émises et reçues soit sur support papier, soit sous une ***forme électronique quelle qu'elle soit*** avec accord du destinataire. L'authenticité de leur origine, l'intégrité de leur contenu et leur lisibilité doivent être garanties de leur émission jusqu'à leur conservation.

La facture électronique peut être émise selon les procédures suivantes :

- un message structuré selon une norme sécurisée convenue entre les parties, permettant une lecture par ordinateur et pouvant être traité automatiquement : progiciel de gestion intégré, échange informatisé intégré (EDI), format XML, courrier électronique avec un fichier PDF joint... ;
- la signature électronique avec certificat électronique qualifié ;
- tout autre dispositif technique sous réserve de la mise en place d'un contrôle interne permanent et documenté.

Attention ! Depuis le 1er janvier 2018, la facture électronique est obligatoire pour les entreprises de taille intermédiaire (250 à 5 000 salariés) et les personnes publiques dans le cadre des marchés publics.

2 ♦ LES COMPTES DU PCG

Les comptes d'achats et de ventes sont utilisés en fonction de l'activité exercée par l'entreprise.

Ils sont présentés page suivante.

« 60 Achats »
601 Achats stockés – Matières premières
602 Achats stockés – Autres approvisionnements
604 Achats d'études et prestations de services
605 Achats de matériel, équipements et travaux
606 Achats non stockés de matières et fournitures
607 Achats de marchandises

« 70 Ventes »
701 Ventes de produits finis
702 Ventes de produits intermédiaires
703 Ventes de produits résiduels
707 Ventes de marchandises

3 ♦ LA STRUCTURE DE LA FACTURE

La facture est, en principe, ***établie par le fournisseur*** dès la réalisation de la vente et ***transmise au client***. Elle comporte plusieurs éléments de calculs. Des délais légaux de paiement des factures, entre professionnels, sont fixés ; ils sont plafonnés à 60 jours calendaires ou 45 jours fin de mois sauf accords dérogatoires validés par décret pour certains secteurs. Néanmoins, il est possible d'établir ***une seule facture*** dite facture périodique ou récapitulative regroupant plusieurs livraisons de biens pour lesquelles la TVA devient exigible au cours d'un même mois civil. Dans ce cas, le délai légal de paiement est réduit à 45 jours à compter de l'émission de la facture.

Les mentions obligatoires suivantes doivent figurer sur les factures papier ou électroniques :

Identité du vendeur	Nom de l'entreprise ou dénomination sociale de la société et son adresse Forme juridique et montant du capital pour les sociétés Numéro de SIREN (système informatique pour le répertoire des entreprises et des établissements) complété par la mention RCS (registre du commerce et des sociétés) suivie de la ville du tribunal de commerce Mention relative à l'adhésion à un centre de gestion agréé Numéro intracommunautaire d'identification à la TVA
Identité de l'acheteur	Nom et adresse du client Numéro intracommunautaire du client, si nécessaire
Autres mentions	Numéro d'ordre du document Date de l'émission de la facture et date à laquelle est effectuée la livraison du bien ou la prestation de service Date du règlement, dans le respect des délais légaux Quantité en unité de mesure selon la nature du produit ou du service Nature et caractéristiques précises du produit ou du service vendu Prix unitaire hors taxes, en euros, avant toute réduction Réductions de prix (rabais, remise, ristourne, escompte) acquises à la date de la vente Taux et montant de la TVA par produit ou service Conditions d'escompte en cas de paiement anticipé Taux des pénalités de retard, qui ne peut être inférieur à 3 fois le taux d'intérêt légal (0,89 % x 3 au deuxième semestre 2018). Les pénalités de retard ne concernent, en principe, que les opérations entre professionnels Indemnité forfaitaire pour frais de recouvrement d'un montant de 40 €. Cette indemnité concerne les opérations entre professionnels Mentions spécifiques à certaines opérations ; par exemple : « *Autoliquidation* » lorsque l'acquéreur ou le preneur est redevable de la TVA ou encore « *Autofacturation* » lorsque le client émet lui-même la facture

A – Les différentes réductions de prix

On distingue deux natures de réductions :

Les réductions commerciales	Réductions de prix liées à la politique commerciale de l'entreprise. Elles peuvent être habituelles ou occasionnelles. Il s'agit : – d'un ***rabais*** : réduction pratiquée exceptionnellement du fait d'un défaut de qualité, de la non conformité ou d'un retard de livraison de l'objet vendu ; – d'une ***remise*** : réduction pratiquée habituellement en considération de l'importance de la vente ou de la profession du client ; – ou d'une ***ristourne*** : réduction pratiquée souvent en fin d'année, calculée sur l'ensemble des opérations réalisées avec le même tiers.
La réduction financière	Réduction de prix liée aux conditions de paiement : paiement comptant ou avant le délai de paiement prévu (paiement anticipé). Il s'agit de ***l'escompte***.

B – Les calculs relatifs à la facture

Les réductions de prix se calculent successivement, c'est-à-dire les unes après les autres ou en ***cascade***, sur le montant net précédent. La TVA se calcule sur le dernier net ou sur le prix brut en cas d'absence de réduction.

Les calculs s'ordonnent de la manière suivante :

Réductions commerciales successives obtenues ou accordées	Prix brut		1 500,00
	Remise 10 %	–	150,00
			1 350,00
	Remise 10 %	–	135,00
Achat net ou Vente nette *(NC)* ←	**Net commercial**	=	1 215,00
Obtenu ou Accordé ←	Escompte 2 %	–	24,30
	Net financier	=	1 190,70
Déductible ou Collectée ←	TVA 20 %	+	238,14
Dette ou Créance *(NAP)* ←	**Net à payer** (TTC)	=	1 428,84

Attention ! Il est prévu une amende administrative qui peut atteindre 2 M€, pour les personnes morales, en cas de non respect des délais de paiement entre professionnels.

4 ♦ LA COMPTABILISATION DES FACTURES

Les achats représentent ***une charge et entraînent un appauvrissement***. Ils augmentent les dettes envers les fournisseurs ou diminuent la trésorerie de l'entreprise.

Les ventes constituent un ***produit et entraînent un enrichissement***. Elles augmentent les créances sur les clients ou la trésorerie de l'entreprise.

Les réductions commerciales qui figurent sur la facture ne sont jamais enregistrées ; c'est donc le net commercial HT qui est comptabilisé.

L'escompte est toujours enregistré pour son montant HT.

La TVA déductible représente pour l'acheteur ***une créance*** vis-à-vis du Trésor public.

La TVA collectée constitue pour le vendeur ***une dette*** vis-à-vis du Trésor public.

Le traitement comptable est le suivant (dans le cas d'un paiement différé) :

Chez le fournisseur (vendeur)	
À débiter	: 411 Clients *(NAP)* : 665 Escomptes accordés
À créditer	: 70. Ventes de … *(NC)* : 44571 TVA collectée

Chez le client (acheteur)	
À débiter	: 60. Achats de … *(NC)* : 44566 TVA sur ABS
À créditer	: 765 Escomptes obtenus : 401 Fournisseurs *(NAP)*

♦ Application

L'entreprise Rocq adresse à son client Hall, le 15 janvier, la facture suivante :
- *marchandises 8 000 € ;*
- *remise de 30 % ;*
- *escompte 2 % ;*
- *TVA taux normal (20 %) ;*
- *règlement comptant par chèque bancaire.*

Prix brut		8 000,00
Remise 30 %	–	2 400,00
Net commercial		5 600,00
Escompte 2 %	–	112,00
Net financier	=	5 488,00
TVA 20 %	+	1 097,60
Net à payer	=	6 585,60

Chez le client Hall

		15/1		
607		Achats de marchandises	5 600,00	
44566		TVA sur ABS	1 097,60	
	765	Escomptes obtenus		112,00
	512	Banques		6 585,60
		Rocq FA n°…, CH n° …		

Chez le fournisseur Rocq

		15/1		
512		Banques	6 585,60	
665		Escomptes accordés	112,00	
	707	Ventes de marchandises		5 600,00
	44571	TVA collectée		1 097,60
		Hall FA n°…, CH n° …		

Attention ! Le net financier n'est jamais comptabilisé.

5 ♦ LES AVANCES ET LES ACOMPTES

Avant l'exécution d'une commande, une avance ou un acompte peut être constaté. ***Une facture d'acompte*** est établie pour son ***montant HT***, car l'exigibilité de la TVA intervient à la date de la livraison. Lors de la comptabilisation, un compte spécifique est créé.

Le traitement comptable est le suivant :

Chez le fournisseur (vendeur)
1 Encaissement de l'avance ou de l'acompte
À débiter : 5.. Compte de trésorerie concerné ***À créditer*** : 4191 Clients – Avances et acomptes reçus sur commandes
2 Établissement de la facture des biens
Le compte « 4191 Clients – Avances et acomptes reçus sur commandes » est ***soldé par son débit***.

Chez le client (acheteur)
1 Versement de l'avance ou de l'acompte
À débiter : 4091 Fournisseurs – Avances et acomptes versés sur commandes ***À créditer*** : 5.. Compte de trésorerie concerné
2 Réception de la facture des biens
Le compte « 4091 Fournisseurs – Avances et acomptes versés sur commandes » est ***soldé par son crédit***.

♦ Application

L'entreprise Ribot reçoit le 26 août la facture d'acompte n° 125 de son fournisseur Tobir d'un montant de 200 € réglée ce jour par chèque bancaire.

Le 15 septembre, réception de la facture n° 7288, de son fournisseur Tobir, comportant les éléments suivants : marchandises 5 000 € HT, TVA 20 %, acompte 200 €.

	26/8		
4091	Fournisseurs – Avances et acomptes versés sur commandes	200,00	
512	Banques		200,00
	Tobir FA d'acompte n° 125, CH n° …		
	15/9		
607	Achats de marchandises	5 000,00	
44566	TVA sur ABS	1 000,00	
401	Fournisseurs		5 800,00
4091	Fournisseurs – Avances et acomptes versés sur commandes		200,00
	Tobir FA n° 7 288		

6 ♦ LES FACTURES D'AVOIR

La facture d'avoir est une ***facture rectificative***. Elle représente une somme d'argent que le fournisseur doit à son client.

A – Les retours de biens aux conditions initiales

Lors de retours de marchandises, de matières ou de produits aux ***conditions initiales*** de la facturation, ce sont les mêmes comptes qui fonctionnent mais en ***sens inverse***. En effet, il s'agit d'annuler en partie ou en totalité l'opération Achat/Vente.

♦ Application

L'entreprise Rocq adresse à son client Hall, le 30 janvier, l'avoir suivant : retour de marchandises 2 000 €, (conditions initiales : remise de 30 %, escompte 2 %, TVA 20 %).

Prix brut		2 000,00
Remise 30 %	–	600,00
Net commercial		1 400,00
Escompte 2 %	–	28,00
Net financier	=	1 372,00
TVA 20 %	+	274,40
Net à payer	=	1 646,40

Chez le client Hall

		30/1		
765		Escomptes obtenus	28,00	
401		Fournisseurs	1 646,40	
	607	Achats de marchandises		1 400,00
	44566	TVA sur ABS		274,40
		Rocq AV n°…		

Chez le fournisseur Rocq

		30/1		
707		Ventes de marchandises	1 400,00	
44571		TVA collectée	274,40	
	411	Clients		1 646,40
	665	Escomptes accordés		28,00
		Hall AV n°…		

B – Les réductions supplémentaires

Elles doivent être comptabilisées dans des ***comptes spécifiques*** qu'elles aient un caractère commercial ou financier :

Chez le fournisseur (vendeur)	
Réductions commerciales supplémentaires	
À débiter	: 709 RRR accordés par l'entreprise : 44571 TVA collectée
À créditer	: 411 Clients
Escompte supplémentaire	
À débiter	: 665 Escomptes accordés : 44571 TVA collectée
À créditer	: 411 Clients

Chez le client (acheteur)	
Réductions commerciales supplémentaires	
À débiter	: 401 Fournisseurs
À créditer	: 609 RRR obtenus sur achats : 44566 TVA sur ABS
Escompte supplémentaire	
À débiter	: 401 Fournisseurs
À créditer	: 765 Escomptes obtenus : 44566 TVA sur ABS

♦ Application

L'entreprise Lupin accorde le 4 avril une ristourne de 200 € HT, TVA 20 % à son client Giquel.

Chez le client Giquel		4/4		
	401	Fournisseurs	240,00	
	609	RRR obtenus sur achats		200,00
	44566	TVA sur ABS		40,00
		Lupin AV n° …		
Chez le fournisseur Lupin		4/4		
	709	RRR accordés par l'entreprise	200,00	
	44571	TVA collectée	40,00	
	411	Clients		240,00
		Giquel AV n° …		

C – L'escompte conditionnel

Un escompte conditionnel ***peut figurer sur la facture initiale*** accompagné de la mention : *Seule la TVA correspondant au prix effectivement payé ouvre droit à déduction.* Dans ce cas, le fournisseur est ***dispensé d'établir une facture d'avoir*** si le client règle par anticipation.

L'escompte est comptabilisé chez le client lors du règlement et chez le fournisseur lors de l'encaissement.

♦ Application

Le 10 avril, l'entreprise Lupin vend des marchandises pour 750 € HT, TVA 20 % à Robert. La mention suivante figure sur la facture : « Escompte 2 % en cas de règlement sous huitaine ». Cette dernière est réglée le 15 avril par chèque bancaire.

Chez le client Robert		10/4		
	607	Achats de marchandises	750,00	
	44566	TVA sur ABS	150,00	
	401	Fournisseurs		900,00
		Lupin FA d'acompte n° …		
		15/4		
	607	Fournisseurs	900,00	
	512	Banques		882,00
	765	Escomptes obtenus		15,00
	44566	TVA sur ABS		3,00
		Lupin CH n° …		

Chez le fournisseur Lupin

	10/4		
411	Clients	900,00	
707	Ventes de marchandises		750,00
44571	TVA collectée		150,00
	Robert FA n° …		
	15/4		
512	Banques	882,00	
665	Escomptes accordés	15,00	
44571	TVA collectée	3,00	
411	Clients		900,00
	Robert CH n° …		

Attention ! Le compte de TVA, collectée ou déductible, suit le mouvement du compte auquel il se rapporte.

Les frais de port

FICHE 7

1 ♦ GÉNÉRALITÉS

La livraison des biens peut ***occasionner des frais de transport*** qui sont soit à la charge du fournisseur, soit à la charge du client, en fonction des ***conditions*** de transport :

Situation	Condition	Facturation
Transport à la charge du fournisseur, effectué par lui-même ou par un sous-traitant	**Franco de port**	Le port est inclus dans le prix de vente. Il ne figure pas sur la facture de vente.
Transport organisé par le fournisseur, avec ses propres moyens, et facturé au client	**Port forfaitaire**	Le fournisseur facture au client les frais supportés pour un montant forfaitaire.
Transport organisé par le fournisseur, pour le compte du client, par l'intermédiaire d'un tiers	**Port payé**	Le fournisseur refacture au client le montant des frais de port déboursés (débours).
Transport organisé par le client par l'intermédiaire d'un tiers	**Port dû**	Le transporteur facture directement les frais de port au client.

2 ♦ LE TRAITEMENT COMPTABLE CHEZ LE FOURNISSEUR

Le fournisseur facture les frais de port uniquement dans les conditions port forfaitaire et port payé.

A – Le port forfaitaire

Le port est un ***produit annexe*** assujetti à la TVA. Il est comptabilisé dans un compte spécifique.

Facturation des biens vendus et des frais de transport
À débiter : 411 Clients
À créditer : 70. Ventes de … : 7085 Ports et frais accessoires facturés : 44571 TVA collectée *(sur les ventes et sur le transport)*

B – Le port payé

Le fournisseur distingue les deux étapes suivantes :

Étape 1 **Facturation du transporteur**	***À débiter*** : 624 Transports de biens : 44566 TVA sur ABS ***À créditer*** : 401 Fournisseurs ou Compte de trésorerie concerné
Étape 2 **Facturation au client, en même temps que les biens vendus :** montant exact des frais de port et éclatement de la TVA en 2 comptes	***À débiter*** : 411 Clients ***À créditer*** : 707 Ventes de marchandises : 44571 TVA collectée *(sur les ventes)* : 624 Transports de biens : 44566 TVA sur ABS *(sur le transport)*

3 ♦ LE TRAITEMENT COMPTABLE CHEZ LE CLIENT

Quel que soit le mode de transport, les frais de transport représentent toujours une charge qui supporte la TVA. Elle est portée hors taxes :

– soit au ***débit*** du compte « 624 Transports de biens » ;

– soit dans une subdivision du compte « 608 Frais accessoires d'achat » ;

– soit directement au ***débit*** des comptes d'achat « 601 à 607 » lorsque les frais peuvent être affectés de façon certaine à telle ou telle catégorie de marchandises ou d'approvisionnement.

♦ Application

1/6 Règlement, par chèque, de la facture du transporteur : 100 € HT, TVA 20 %.
4/6 Livraison à Jules de marchandises pour 700 € HT, port forfaitaire 50 € HT, TVA 20 % ; facture jointe.
9/6 Envoi de la facture à Polard : marchandises 1 800 € HT, port payé 100 € HT, TVA 20 %.

		1/6		
624		Transports de biens	100,00	
44566		TVA sur autres biens et services	20,00	
	512	Banques		120,00
		FA n° …, CH n° …		
		4/6		
411		Clients	900,00	
	707	Ventes de marchandises		700,00
	7085	Ports et frais accessoires facturés		50,00
	44571	TVA collectée		150,00
		Jules FA n°…		
		9/6		
411		Clients	2 280,00	
	707	Ventes de marchandises		1 800,00
	44571	TVA collectée		360,00
	624	Transports de biens		100,00
	44566	TVA sur ABS		20,00
		Polard FA n°…		

La consignation des emballages récupérables

FICHE 8

1 ♦ GÉNÉRALITÉS

Les emballages récupérables consignés aux clients apparaissent distinctement sur la facture de vente de biens. La consignation d'emballages récupérables fait l'objet d'une comptabilisation particulière chez le fournisseur et chez le client.

La consignation d'emballages récupérables peut engendrer trois opérations :

Consignation	Restitution totale ou partielle	Non-restitution totale ou partielle
↓	↓	↓
Facture	Facture d'avoir	Facture

2 ♦ LE TRAITEMENT COMPTABLE DES CONSIGNATIONS D'EMBALLAGES

Les mouvements des emballages sont enregistrés, pour le prix de consignation, dans des comptes spécifiques :

– pour le fournisseur : « 4196 Clients – Dettes sur emballages et matériels consignés » ;

– pour le client : « 4096 Fournisseurs – Créances pour emballages et matériel à rendre ».

En principe, les opérations de consignation sont ***exonérées de TVA***.

A – La consignation d'emballages

Chez le fournisseur (vendeur)	
À débiter	: 411 Clients
À créditer	: 70. Ventes de … : 44571 TVA collectée : 4196 Clients – Dettes sur emballages et matériels consignés

Chez le client (acheteur)	
À débiter	: 60. Achats de … : 44566 TVA sur ABS : 4096 Fournisseurs – Créances pour emballages et matériel à rendre
À créditer	: 401 Fournisseurs

B – La restitution des emballages

Restitution des emballages au prix exact de consignation	
Chez le fournisseur (vendeur)	**Chez le client (acheteur)**
À débiter : 4196 Clients – Dettes sur emballages et matériels consignés ***À créditer*** : 411 Clients	***À débiter*** : 401 Fournisseurs ***À créditer*** : 4096 Fournisseurs – Créances pour emballages et matériel à rendre
Restitution des emballages à un prix inférieur au prix de consignation	
À débiter : 4191 Clients – Dettes sur emballages et matériels consignés ***À créditer*** : 7086 Bonis s/reprises d'emballages consignés* : 44571 TVA collectée : 411 Clients	***À débiter*** : 401 Fournisseurs : 6136 Malis s/emballages* : 44566 TVA sur ABS ***À créditer*** : 4096 Fournisseurs – Créances pour emballages et matériel à rendre

* Pour un montant égal à : Prix de consignation – Prix de reprise

C – La non restitution des emballages

Les emballages ***non restitués*** par le client sont considérés comme ***vendus*** par le fournisseur.

Chez le fournisseur (vendeur)
À débiter : 4196 Clients – Dettes sur emballages et matériels consignés ***À créditer*** : 7088 Autres produits des activités annexes : 44571 TVA collectée

Chez le client (acheteur)
À débiter : 6026 Emballages* : 44566 TVA sur ABS ***À créditer*** : 4096 Fournisseurs – Créances pour emballages et matériel à rendre

* 6718 Autres charges exceptionnelles, si emballages mis au rebut

♦ Application

15/10 L'entreprise vend des marchandises pour 1 000 € HT, TVA 20 %, emballages consignés 120 €.
28/10 Les emballages consignés sont repris pour 80 % de leur valeur.

	15/10		
411	Clients	1 320,00	
707	Ventes de marchandises		1 000,00
44571	TVA collectée		200,00
4196	Clients – Dettes sur emballages et matériels consignés		120,00
	FA n°…		
	28/10		
4196	Clients – Dettes sur emballages et matériels consignés	120,00	
7086	Bonis sur reprises d'emballages consignés		20,00
44571	TVA collectée		4,00
411	Clients		96,00
	Boni TTC : 120 – 96 = 24 ; montant HT 24 / 1,20 = 20		

Les prestations de services

FICHE 9

1 ♦ LES ACHATS DE PRESTATIONS

Il s'agit de ***charges externes liées à l'activité normale*** de l'entreprise.

Le PCG distingue :

les services extérieurs liés à l'investissement	⇒ Compte principal : 61 Services extérieurs
les services extérieurs liés à l'activité	⇒ Compte principal : 62 Autres services extérieurs

2 ♦ LES VENTES DE PRESTATIONS DE SERVICES

Il s'agit de ***produits constitutifs du chiffre d'affaires*** relatifs à des travaux effectués ou à des services rendus.

Le PCG prévoit les subdivisions suivantes du compte « 70 Ventes de produits fabriqués, prestations de services, marchandises » :

« 70 Ventes de produits fabriqués, prestations de services, marchandises »
704 Travaux 705 Études 706 Prestations de services 708 Produits des activités annexes

3 ♦ LE FAIT GÉNÉRATEUR ET L'EXIGIBILITÉ DE LA TVA

En principe, le fait générateur et l'exigibilité de la taxe ***ne coïncident pas***.

Fait générateur	Achèvement de la prestation de service.
Exigibilité pour le fournisseur	Encaissement du prix (avances, acomptes, règlement de la facture)
Déductibilité pour le client	Paiement du prix (avances, acomptes, règlement de la facture)

La base d'imposition correspond au montant HT de l'encaissement.

La TVA est calculée sur chaque paiement fractionné, le cas échéant.

4 ♦ LE TRAITEMENT COMPTABLE

A – Les avances et les acomptes

Le fournisseur peut demander à son client le versement ***d'une avance à la commande ou d'un acompte pendant l'exécution de la commande ou des travaux***.

Une facture d'acompte est alors établie pour le montant TTC encaissé et celui de la TVA sur acompte.

La TVA encaissée au titre de l'acompte est ***exigible***.

Chez le fournisseur (vendeur)
1 Encaissement de l'avance ou de l'acompte
À débiter : 5.. Compte de trésorerie concerné *À créditer* : 4191 Clients – Avances et acomptes reçus sur commandes
2 TVA collectée sur l'avance ou l'acompte
À débiter : 4458 TCA à régulariser *À créditer* : 44571 TVA collectée

Chez le client (acheteur)
1 Versement de l'avance ou de l'acompte
À débiter : 4091 Fournisseurs – Avances et acomptes versés sur commandes *À créditer* : 5.. Compte de trésorerie concerné
2 TVA déductible sur l'avance ou l'acompte
À débiter : 44566 TVA sur ABS *À créditer* : 4458 TCA à régulariser

Le compte 4458 sera soldé lors de la facturation.

B – La facturation avec règlement différé

La TVA facturée ne sera exigible qu'au moment de l'encaissement de la facture. En conséquence, il est nécessaire d'utiliser un compte d'attente.

On distingue deux étapes :

Chez le fournisseur (vendeur)
1 Enregistrement de la facture
À débiter : 4191 Clients – Avances et acomptes reçus sur commandes *(pour solde)* : 411 Clients *À créditer* : 70. Ventes de ... : 4458 TCA à régulariser *(pour solde)* : 44574 TVA collectée sur encaissements
2 Encaissement de la facture
À débiter : 5.. Compte de trésorerie concerné : 44574 TVA collectée sur encaissements *(pour solde)* *À créditer* : 411 Clients *(pour solde)* : 44571 TVA collectée

Chez le client (acheteur)
1 Enregistrement de la facture
À débiter : 61/62 Services extérieurs ... : 44564 TVA déductible sur encaissements : 4458 TCA à régulariser *(pour solde)* *À créditer* : 401 Fournisseurs : 4091 Fournisseurs – Avances et acomptes versés sur commandes *(pour solde)*
2 Paiement de la facture
À débiter : 401 Fournisseurs *(pour solde)* : 44566 TVA sur ABS *À créditer* : 44564 TVA déductible sur encaissements *(pour solde)* : 5.. Compte de trésorerie concerné

C – La facturation avec règlement simultané

La TVA est facturée et exigible en même temps. Le traitement comptable est donc identique à celui relatif à la vente ou à l'achat de biens au comptant.

♦ Application

La société BPJ est spécialisée dans la maintenance de machines d'usinage.
5/2 Le client Faro verse, par chèque bancaire, un acompte de 800 € dont 133,33 € de TVA.
1/3 La facture est adressée au client Faro, montant HT : 3 000 €, TVA 20 %.
31/3 Le client Faro adresse à la société BPJ un chèque bancaire pour règlement de la facture pour solde.

	5/2		
512	Banques	800,00	
4191	Clients – Avances et acomptes reçus sur commandes		800,00
	Faro FA d'acompte n° …		
	5/2		
4458	TCA à régulariser	133,33	
44571	TVA collectée		133,33
	Faro FA d'acompte n° …		
	1/3		
4191	Clients – Avances et acomptes reçus sur commandes	800,00	
411	Clients[1]	2 800,00	
706	Prestations de services		3 000,00
4458	TCA à régulariser		133,33
44574	TVA collectée sur encaissements[2]		466,67
	Faro FA n° …		
	(1) (3 000 x 1,20) – 800		
	(2) (2 800 / 1,20) 0,20 ou (3 000 x 0,20) – 133,33		
	31/3		
512	Banques	2 800,00	
44574	TVA collectée sur encaissements	466,67	
411	Clients		2 800,00
44571	TVA collectée		466,67
	Faro CH n° …		

5 ♦ L'OPTION POUR L'EXIGIBILITÉ DE LA TVA SUR LES DÉBITS

Les redevables de la TVA sur les encaissements peuvent opter pour le paiement de la TVA d'après les débits. ***La TVA est alors exigible dès la facturation***. Toutefois, la TVA reste exigible par le fournisseur lors de l'encaissement d'avances ou d'acomptes. Cette option permet en outre une simplification des travaux comptables, ainsi qu'un droit à déduction de la TVA pour le client dès la facturation.

Attention ! Des règles spécifiques de territorialité s'appliquent aux prestations de services intracommunautaires :
- *si le preneur est assujetti à la TVA*, le lieu de taxation est celui de l'établissement du preneur. En conséquence, le preneur assujetti est redevable de la TVA. Il doit autoliquider la TVA et la faire figurer sur la déclaration de TVA. Dans ce cas, l'exigibilité intervient lors de la réalisation de la prestation ou de l'encaissement d'acomptes ;
- *si le preneur n'est pas assujetti à la TVA*, le lieu de taxation est celui de l'établissement du prestataire.

Certaines prestations de services font l'objet de dérogations à ce principe général.

6 ♦ LE CAS DE SOUS-TRAITANCE DANS LE SECTEUR DU BÂTIMENT

Un mécanisme d'autoliquidation de la TVA s'applique pour les contrats de sous-traitance, conclus depuis le 1/1/2014, entre un donneur d'ordre assujetti et un sous-traitant. Sont concernés : ***les travaux de construction***, y compris ceux de réparations, de nettoyage, d'entretien, de transformation et de démolition en relation avec un bien immobilier. Ainsi, ***le donneur d'ordre devient redevable de la TVA***. En conséquence, la TVA est donc ***à la fois due et déductible*** pour le preneur assujetti de services. C'est lui-même qui doit la calculer et la déclarer. Le sous-traitant doit établir la facture ***sans TVA*** et porter sur celle-ci la mention « ***Autoliquidation*** ».

Le PCG ne contient à ce jour aucun compte spécifique.

Lors du paiement de la facture du sous-traitant, le donneur d'ordre peut utiliser les comptes de TVA suivants :
- ***au débit***, le compte « 44566 TVA sur autres biens et services » ;
- ***au crédit***, le compte « 445 (.) TVA due sur prestations de services sous-traitées ».

♦ Application

La société Bél'O est spécialisée dans la construction de piscines.
10/8 La société reçoit de son sous-traitant Brunier, terrassier, une facture d'un montant HT de 12 300 €.
15/9 La société Bél'O règle la facture de son sous-traitant.

	10/8		
605	Achats de matériel, équipements et travaux	12 300,00	
401	Fournisseurs		12 300,00
	Brunier FA n° …		
	15/9		
401	Fournisseurs	12 300,00	
44566	TVA sur ABS	2 460,00	
512	Banques		12 300,00
445(.)	TVA due sur prestations de services sous-traitées		2 460,00
	Brunier, virement n° …		

Les opérations commerciales avec l'étranger

FICHE 10

1 ♦ PRINCIPE

Les opérations commerciales réalisées avec les entreprises étrangères comprennent :

Les opérations intracommunautaires

Entreprise située en France		Entreprise établie dans un autre État membre de l'Union européenne (UE)
←	Acquisition intracommunautaire	
	Livraison intracommunautaire	→

Les opérations d'import-export

Entreprise située en France		Entreprise établie dans un autre État hors de l'Union européenne (UE)
←	Importation	
	Exportation	→

2 ♦ LES OPÉRATIONS INTRACOMMUNAUTAIRES

Actuellement, les échanges intracommunautaires concernent les ***28 pays de l'Union européenne*** (19 d'entre eux font partie de la zone euro), dans l'attente de la sortie du Royaume-Uni (Brexit) en mars 2019.

Les règles de facturation relatives aux opérations intracommunautaires sont harmonisées au sein de l'Union européenne. Les dispositions concernent essentiellement :

Le délai d'établissement de la facture
La facture doit être établie au plus tard le 15 du mois qui suit celui au cours duquel s'est produit le fait générateur. Cette règle s'applique aux acquisitions intracommunautaires et aux livraisons intracommunautaires.

La dispense de la facturation des acomptes
Il n'est pas obligatoire d'émettre une facture d'acompte au titre des livraisons intracommunautaires exonérées de TVA.

L'exigibilité de la TVA
Pour les acquisitions intracommunautaires et les livraisons intracommunautaires exonérées, la TVA est exigible à l'émission de la facture ou au plus tard le 15 du mois suivant celui du fait générateur, si aucune facture n'est émise avant.

Attention ! Les échanges intracommunautaires réalisés entre les 19 pays ayant adopté l'euro n'entraînent aucune différence de change puisque les opérations sont libellées dans la même monnaie (l'euro).
Les échanges intracommunautaires réalisés entre les 9 pays situés hors zone euro (dans l'attente du Brexit effectif) peuvent engendrer des différences de change.

Pour caractériser les opérations intracommunautaires, les comptes « 60 Achats », « 70 Ventes », « 40 Fournisseurs » et « 411 Clients » sont ***subdivisés en positionnant*** le chiffre « ***2*** » en quatrième ou cinquième position selon le cas.

A – Les livraisons intracommunautaires

Il s'agit des ventes de biens meubles corporels effectuées par une entreprise française à destination d'une entreprise d'un autre État membre de l'Union européenne.

Les livraisons intracommunautaires ***sont exonérées de TVA en France***.

Les factures doivent comporter :

– en principe, le numéro intracommunautaire d'identification du vendeur et celui de l'acheteur ;

– la mention *Exonération de TVA*.

Le traitement comptable est le suivant :

Facturation intracommunautaire	
À débiter	: 41112 Clients Union européenne
	: 70712 Ventes de marchandises intracommunautaires

B – Les acquisitions intracommunautaires

Il s'agit d'achats de biens meubles corporels effectués par une entreprise française auprès d'une entreprise d'un autre État membre de l'Union européenne.

Les acquisitions intracommunautaires ***sont soumises à la TVA en France***.

La TVA intracommunautaire est à la fois ***due et déductible*** (principe d'autoliquidation). Elle est calculée par l'acquéreur. La mention « *Autoliquidation* » doit être portée sur la facture.

Le fait générateur intervient à la date de la livraison du bien.

La TVA est exigible ***au plus tard le 15 du mois suivant celui de la livraison***.

La comptabilisation diffère suivant la date de réception de la facture :

Facture reçue avant la date limite d'exigibilité de la TVA	
À débiter	: 60.12 Achats de … intracommunautaires
	: 445662 TVA déductible intracommunautaire
À créditer	: 4452 TVA due intracommunautaire
	: 40112 Fournisseurs Union européenne

Facture reçue après la date limite d'exigibilité de la TVA		
Étape 1	À la date d'exigibilité de la TVA	***À débiter*** : 445662 TVA déductible intracommunautaire ***À créditer*** : 4452 TVA due intracommunautaire
Étape 2	À la date de réception de la facture	***À débiter*** : 60.12 Achats de … intracommunautaires ***À créditer*** : 40112 Fournisseurs Union européenne

♦ Application

28/3 Livraison de marchandises du fournisseur italien Paco d'un montant de 600 €.
25/4 Réception de la facture du fournisseur Paco, TVA 20 %.
10/5 Envoi d'une facture au client allemand Kruder d'un montant de 1 300 €.
5/6 Le client Kruder règle sa facture par virement bancaire.

• Fournisseur Paco (fournisseur zone euro) ⇒ La facture est reçue après le 15/4 ; la TVA est donc exigible le 15/4

	15/4		
445662	TVA déductible intracommunautaire	120,00	
4452	TVA due intracommunautaire		120,00
	Paco TVA sur facture à recevoir (600 x 20 %)		
	25/4		
60712	Achats de marchandises intracommunautaires	600,00	
40112	Fournisseurs Union européenne		600,00
	Paco FA n° …		

• Client Kruder (client zone euro)

	10/5		
41112	Clients Union européenne	1 300,00	
70712	Ventes de marchandises intracommunautaires		1 300,00
	Kruder FA n° …		
	5/6		
512	Banques	1 300,00	
41112	Clients Union européenne		1 300,00
	Paco FA n° …		

3 ♦ LES OPÉRATIONS D'IMPORTATIONS ET D'EXPORTATIONS

Les opérations d'import-export représentent des échanges réalisés entre une entreprise située en France et une entreprise établie dans un État ***hors de l'Union européenne***. ***Elles sont libellées en monnaies étrangères et doivent être converties et comptabilisées en euros***.

A – La facturation relative aux importations

Les dettes en monnaies étrangères doivent être converties en euros sur la base du dernier cours du change ***à la date de facturation***. Les importations ***sont soumises à la TVA française***.

La TVA, calculée sur la valeur en douane, est exigible ***au moment du dédouanement***. En principe, elle est perçue par l'administration des douanes. La TVA qui peut être déduite est celle qui est due à l'importation. ***Les opérations de dédouanement*** peuvent être effectuées soit par l'entreprise importatrice, soit par un commissionnaire agréé en douane ou encore par un transitaire.

La comptabilisation nécessite deux étapes :

Étape 1	Réception de la facture
À débiter	: 60. Achats de …
	: 401 Fournisseurs
Étape 2	**Droits de douane et TVA due à l'importation**
À débiter	: 60. Achats de … *(droits de douane)* : 44566 TVA sur ABS *(calculée sur la valeur en douane : Prix facturé + Droits de douanes)*
À créditer	: 5.. Compte de trésorerie concerné *(droits de douane)* : 443 Opérations particulières avec l'État *(TVA due à l'administration des douanes)*

Attention ! Lorsque la facturation est ***simultanée*** à la livraison, l'écriture de facturation et celle du paiement de la TVA s'enregistrent à la même date.

Précisons que désormais, les entreprises établies dans l'Union européenne peuvent opter pour ***l'autoliquidation*** de la TVA due à l'importation sous réserve d'y être autorisées par l'administration des douanes. Ainsi, elles peuvent ***déclarer et déduire*** la TVA constatée par la douane sur la même déclaration de TVA CA3 du mois au titre duquel l'exigibilité de la TVA est intervenue. Dans ce cas, la TVA due à l'importation n'est plus décaissée. L'autoliquidation de la TVA n'a pas d'impact sur le fait générateur ni sur l'assiette ou sur le calcul de la taxe mais seulement sur sa perception.

Pour bénéficier de ce dispositif, les entreprises doivent respecter plusieurs conditions cumulatives.

Pour les opérateurs établis dans l'Union européenne, il faut :

- effectuer au moins quatre importations au sein du territoire de l'Union européenne au cours des 12 mois précédant la demande ;
- disposer d'un système de gestion des écritures douanières et fiscales permettant le suivi des opérations d'importation ;
- ne pas avoir commis d'infractions graves ou répétées aux dispositions douanières et fiscales au cours des 12 mois précédant la demande ;
- avoir une situation financière satisfaisante au cours des 12 derniers mois précédant la demande (sans condition de garantie ou de caution).

Il appartient à la douane de vérifier ces critères.

Pour les opérateurs non établis dans l'Union européenne : ils doivent impérativement dédouaner par l'intermédiaire d'un représentant en douane titulaire d'une autorisation d'opérateur économique agréé « *simplification douanière* » valide.

Attention ! Les assujettis soumis à la TVA selon le régime réel simplifié ne sont pas admis à ce dispositif.

Le schéma comptable est analogue à celui des acquisitions intracommunautaires. Toutefois, aucun compte spécifique n'est encore prévu dans le PCG.

Nous proposons la comptabilisation suivante :

Option pour l'autoliquidation de la TVA	
À débiter	: 60. Achats de … : 44566 TVA sur ABS
À créditer	: 445(.) TVA due sur achats de … : 401 Fournisseurs

♦ Application

5/3 La société Phoneboutic achète en Chine des kits mains libres pour les téléphones portables. La valeur déclarée en douanes est de 28 000 €, TVA 20 %. Elle a opté pour l'autoliquidation de la TVA.

	5/3		
607	Achats de marchandises	28 000,00	
44566	TVA sur ABS	5 600,00	
44551	TVA due sur achats de marchandises		5 600,00
401	Fournisseurs		28 000,00
	Document douane n° …		

B – La facturation relative aux exportations

Les créances en monnaies étrangères doivent être converties en euros sur la base du dernier cours du change ***à la date de facturation***.

Les exportations sont ***exonérées de TVA***.

La traduction comptable est la suivante :

Facturation	
À débiter	: 411 Clients : 70 Ventes de …

4 ♦ LES RÈGLEMENTS DES CRÉANCES ET DES DETTES EN MONNAIES ÉTRANGÈRES

Les règlements des créances et des dettes en monnaies étrangères sont convertis en euros sur la base du dernier cours de change ***du jour de règlement***.

A – Le calcul du résultat de change

Les opérations commerciales réalisées avec ***les États hors Union européenne et les États membres de l'Union européenne mais hors zone euro entraînent des résultats de change*** lorsque le taux de change a varié entre la date de la facturation et celle du règlement.

Résultat de change = Montant du règlement – Montant de la dette ou de la créance initiale

On distingue les situations suivantes :

Variation du cours de change	Créance (exportation)	Dette (importation)
Augmentation entre la date de facturation et celle du règlement	Montant de la créance < Montant de l'encaissement **= Gain de change**	Montant de la dette < Montant du règlement **= Perte de change**
Diminution entre la date de facturation et celle du règlement	Montant de la créance > Montant de l'encaissement **= Perte de change**	Montant de la dette > Montant du règlement **= Gain de change**

B – La comptabilisation

Le gain de change constitue un produit financier et la perte de change une charge financière.

Paiement de la dette	
Constatation d'un gain de change	***À débiter*** : 401 Fournisseurs ou 40112 Fournisseurs UE *(pour solde)* ***À créditer*** : 766 Gains de change : 5.. Compte de trésorerie *(Dette initiale – Gain)*
Constatation d'une perte de change	***À débiter*** : 401 Fournisseurs ou 40112 Fournisseurs UE *(pour solde)* : 666 Pertes de change ***À créditer*** : 5.. Compte de trésorerie *(Dette initiale + Perte)*

Encaissement de la créance	
Constatation d'un gain de change	***À débiter*** : 5.. Compte de trésorerie *(Créance initiale + Gain)* ***À créditer*** : 766 Gains de change : 411 Clients ou 41112 Clients UE *(pour solde)*
Constatation d'une perte de change	***À débiter*** : 5.. Compte de trésorerie *(Créance initiale – Perte)* : 666 Pertes de change ***À créditer*** : 411 Clients ou 41112 Clients UE *(pour solde)*

♦ Application

3/9 Reçu du client Danois Jorgen un virement bancaire de 16 225,96 DKK, en règlement de la facture du mois dernier comptabilisée pour 2 530 € (cours du jour : 1 € = 7,4431 DKK).

8/9 Marchandises achetées au fournisseur chinois Nga : 82 863 CNY (cours du jour : 1 € = 9,7486 CNY).

Le passage en douane a lieu le 15/9, droits de douane 200 €, TVA taux normal. Pas d'option pour l'autoliquidation de la TVA.

16/9 Vente de marchandises au client russe Sviato pour 100 022 RUB (cours du jour : 1 € = 45,4645 RUB).

30/9 Paiement par virement bancaire de la facture du fournisseur Nga (cours du jour : 1 € = 10,6092 CNY).

• 3/9 Encaissement de créance en monnaies étrangères sur un client de l'Union européenne hors zone euro

Montant de la créance : 2 530 €

Montant du virement : 16 225,96 / 7,4431 = 2 180 €

Perte de change : 2 530 – 2 180 = 350 €

	3/9		
512	Banques	2 180,00	
666	Pertes de change	350,00	
41112	Clients Union européenne		2 530,00
	Jorgen VIR n° …		

• 8/9 Importation

Montant de la dette : 82 863 / 9,7486 = 8 500 €

TVA exigible et déductible le 15/9 : (8 500 + 200) 20 % = 1 740 €

	8/9		
607	Achats de marchandises	8 500,00	
401	Fournisseurs		8 500,00
	Nga FA n° …		
	15/9		
607	Achats de marchandises	200,00	
44566	TVA sur ABS	1 740,00	
512	Banques		200,00
443	Opérations particulières avec l'État		1 740,00
	Nga document douane n° …		

• 16/9 Exportation

Montant de la créance : 100 022 / 45,4645 = 2 200 €

	16/9		
411	Clients	2 200,00	
707	Ventes de marchandises		2 200,00
	Sviato FA n° …		

• 30/9 Paiement d'une dette en monnaies étrangères

Montant de la dette : 8 500,00 €

Montant du virement : 82 863 / 10,6092 = 7 810,49 €

Gain de change : 8 500,00 – 7 810,49 = 689,51 €

	30/9		
401	Fournisseurs	8 500,00	
766	Gains de change		689,51
512	Banques		7 810,49
	Nga VIR n° …		

La caisse et la banque

FICHE 11

1 ♦ LES INSTRUMENTS DE PAIEMENT

On distingue les instruments de paiement suivants :

Espèces	Les règlements ou les encaissements en espèces sont justifiés par une pièce de caisse, document interne établi par l'entreprise.
Chèque	Écrit par lequel une personne, le tireur, titulaire d'un compte bancaire, donne l'ordre à son banquier, le tiré, de payer à vue une somme déterminée à une autre personne appelée le bénéficiaire (tireur lui-même ou un tiers).
Virement	Opération qui permet le transfert de fonds d'un compte bancaire à un autre compte bancaire à l'aide d'un ordre de virement. Le virement est harmonisé dans l'espace économique européen et la Suisse sous l'appelation virement SEPA.
Carte bancaire	Carte émise par la banque et qui permet au titulaire d'un compte bancaire de retirer des espèces, de réaliser des paiements auprès d'entreprises affiliées ou adhérentes à un réseau interbancaire.

2 ♦ LES MOUVEMENTS DE TRÉSORERIE

L'enregistrement des opérations de trésorerie consiste à comptabiliser dans les comptes appropriés les différents règlements et encaissements effectués à l'aide des instruments de paiement.

Débit	**512 Banques** ou **514 Chèques postaux** ou **530 Caisse**	Crédit
Opérations d'encaissement		Opérations de décaissement

Attention ! Le solde du compte « Caisse » n'est jamais créditeur.

3 ♦ L'ENCAISSEMENT DES CHÈQUES

L'entreprise peut utiliser le ***compte d'attente*** « 5112 Chèques à encaisser » qui est dans un premier temps ***débité*** du montant des chèques reçus puis dans un deuxième temps ***crédité*** pour solde lors de la réception de l'avis de crédit.

♦ Application

27/8 Total des chèques reçus en règlement des clients : 2 500 €.
30/8 Réception de l'avis de crédit concernant la remise de ces chèques

	27/8		
5112	Chèques à encaisser	2 500,00	
411	Clients		2 500,00
	CH n° …, CH n° …, CH n° …		
	30/8		
512	Banques	2 500,00	
5112	Chèques à encaisser		2 500,00
	Avis de crédit n° …		

4 ♦ LES CARTES BANCAIRES DE CRÉDIT

En cas de décaissements effectués par carte bancaire, le compte banque est ***crédité*** du montant de la transaction, à la réception des avis de débit.

Les encaissements à l'aide de cartes bancaires de crédit nécessitent l'utilisation d'un compte spécifique ; leur comptabilisation s'effectue en deux étapes :

Étape 1 **Ventes**	***À débiter*** : 5115 Cartes de crédit à encaisser ***À créditer*** : 707 Ventes de marchandises : 44571 TVA collectée
Étape 2 **Réception des avis de crédit** la banque retient un taux de commission (entre 0,50 et 0,90 %)	***À débiter*** : Banques *(Montants encaissés – Commissions)* : 627 Services bancaires et assimilés *(exonérés de TVA)* ***À créditer*** : 5115 Cartes de crédit à encaisser *(pour solde)*

♦ Application

25/6 Ventes au comptant réglées par facturettes : 995 € HT, TVA 20 %.
30/6 Réception de l'avis de crédit concernant ces facturettes, commission : 4 €.

	25/6		
5115	Cartes de crédit à encaisser	1 194,00	
707	Ventes de marchandises		995,00
44571	TVA collectée		199,00
	FA n° …, n° … ; Facturettes n° …, n° …		
	30/6		
512	Banques	1 190,00	
627	Services bancaires et assimilés	4,00	
5115	Cartes de crédit à encaisser		1 194,00
	Avis de crédit n° …		

Les effets de commerce, la mobilisation des créances et l'affacturage

FICHE 12

1 ♦ LES DOCUMENTS COMPTABLES

Les effets de commerce ou traites constituent ***des instruments de paiement et de crédit***.

Ils se composent principalement de lettres de change et de billets à ordre :

Lettre de change relevé LCR	Écrit par lequel une personne, le tireur, donne l'ordre à une autre personne, le tiré, de payer à une certaine échéance, une somme déterminée à un bénéficiaire, qui est le tireur lui-même ou un tiers.
Billet à ordre relevé BOR	Écrit par lequel une personne, appelée souscripteur, s'engage à payer à une certaine échéance, une somme déterminée à une autre personne appelée bénéficiaire.

2 ♦ LA CRÉATION DES EFFETS DE COMMERCE

La LCR est enregistrée ***après son acceptation***. Le BOR est comptabilisé ***dès son émission***.

Pour le suivi des effets de commerce un compte spécifique est créé.

Chez le fournisseur (vendeur)
À débiter : 413 Clients – Effets à recevoir
À créditer : 411 Clients

Chez le client (acheteur)
À débiter : 401 Fournisseurs
À créditer : 403 Fournisseurs – Effets à payer

3 ♦ L'ENCAISSEMENT DES EFFETS À RECEVOIR

À l'échéance, la banque se charge de l'encaissement et retient une commission ; l'opération se déroule en deux étapes :

Étape 1 Remise à l'encaissement avant l'échéance *(endossement des effets à l'ordre de la banque)*
À débiter : 5113 Effets à l'encaissement *(montant des valeurs nominales)*
À créditer : 413 Clients – Effets à recevoir *(montant des valeurs nominales)*

Étape 2	**Réception de l'avis de crédit après l'échéance** *(Net porté en compte)* Valeur nette = Valeur nominale – (Commissions HT + TVA)
À débiter	: 512 Banques *(net porté en compte)* : 6275 Frais sur effets *(commissions HT)* : 44566 TVA sur ABS *(TVA sur commissions)*
À créditer	: 5113 Effets à l'encaissement *(pour solde)*

4 • LA NÉGOCIATION OU L'ESCOMPTE DES EFFETS À RECEVOIR

Lorsque ***l'entreprise a besoin de liquidités avant la date d'échéance des effets***, elle peut les négocier ou les remettre à l'escompte auprès de sa banque. Cette dernière retient des agios. Il s'agit d'une opération de mobilisation de créances.

L'opération se déroule en deux étapes :

Étape 1	**Remise à l'escompte avant l'échéance** *(Endossement des effets à l'ordre de la banque)*
À débiter	: 5114 Effets à l'escompte *(montant des valeurs nominales)*
À créditer	: 413 Clients – Effets à recevoir *(montant des valeurs nominales)*
Étape 2	**Réception de l'avis de crédit** *(Net porté en compte)* Valeur nette = Valeur nominale – Agios : [Escompte + (Commissions HT + TVA)]
À débiter	: 512 Banques *(net porté en compte)* : 661 Charges d'intérêts *(montant de l'escompte)* : 6275 Frais sur effets *(commissions HT)* : 44566 TVA sur ABS *(TVA sur commissions)*
À créditer	: 5114 Effets à l'escompte *(pour solde)*

5 • LE PAIEMENT DES EFFETS À PAYER

La banque règle les effets arrivés à échéance sur ordre du tiré ou du souscripteur.

	Réception de l'avis de débit
À débiter	: 403 Fournisseurs – Effets à payer *(pour solde)*
À créditer	: 512 Banques *(montant des valeurs nominales réglées)*

Attention ! La banque ne prélève aucun agio pour ce service.

♦ Application

20/3 Acception de la LCR n° 318 du fournisseur Caram : 3 230 €.
21/3 Remise à l'escompte des LCR n° 47 : 2 450 € et n° 54 : 1 645 €.
26/3 Réception de l'avis de crédit (remise du 21/3) : escompte 38 €, commissions 16 € HT, TVA 20 %.
31/3 Reçu du client Pol la LCR n° 72 acceptée : 1 675 € ; remise à l'encaissement du BOR n° 296, à échéance du 5/4 du client Marzin : 2 046 €

		20/3		
401		Fournisseurs	3 230,00	
	403	Fournisseurs – Effets à payer		3 230,00
		Caram LCR n° 318		
		21/3		
5114		Effets à l'escompte	4 095,00	
	413	Clients – Effets à recevoir		4 095,00
		Bordereau n° … : LCR n° 47 et 54		
		26/3		
512		Banques	4 037,80	
661		Charges d'intérêt	38,00	
6275		Frais sur effets	16,00	
44566		TVA sur ABS	3,20	
	5114	Effets à l'escompte		4 095,00
		Avis de crédit n° …		
		31/3		
413		Clients – Effets à recevoir	1 675,00	
	411	Clients		1 675,00
		Pol LCR n° 72		
		31/3		
5113		Effets à l'encaissement	2 046,00	
	413	Clients – Effets à recevoir		2 046,00
		Marzin BOR n° 296		

6 ♦ LES AUTRES FORMES DE MOBILISATION DES CRÉANCES

A – Définitions

En dehors de l'escompte des effets à recevoir, il existe d'autres formes de mobilisations de créances.

Lettre de change relevé magnétique LCRM	L'entreprise regroupe plusieurs créances de clients différents sur un support magnétique qu'elle transmet à sa banque. La LCR magnétique escomptée est assimilée à un crédit bancaire de droit commun et non pas à un escompte d'effet de commerce. En effet, l'absence d'un support papier ne permet pas de bénéficier des garanties régies par le droit cambiaire.
Crédit de mobilisation des créances commerciales CMCC	L'entreprise négocie avec sa banque un montant de crédit en fonction des créances présentées ; en contrepartie, elle souscrit un billet à ordre de la banque, correspondant au montant des créances, qui est escompté.
Créances professionnelles loi Dailly	L'entreprise céde tout ou partie de ses créances professionnelles à un établissement bancaire à titre de garantie du crédit que ce dernier lui accorde.

Ces mobilisations de créances constituent des ***concours bancaires courants***, c'est-à-dire des dettes à l'égard des banques, contractées en raison des besoins de trésorerie liés à l'exploitation.

B – Le traitement comptable des LCR magnétiques et des CMCC

Le traitement comptable nécessite trois étapes :

Étape 1	**Escompte des LCR magnétiques ou du billet à ordre** Valeur nette = Valeur nominale – [Intérêts + (Commissions HT + TVA)]
À débiter	: 512 Banques *(net encaissé)* : 6616 Intérêts bancaires *(montant des intérêts)* : 6275 Frais sur effets *(commissions HT)* : 44566 TVA sur ABS *(TVA sur commissions)*
À créditer	: 519 Concours bancaires courants *(total des valeurs nominales des LCR magnétiques ou du BO)*
Étape 2	**Règlement des clients**
À débiter	: 512 Banques
À créditer	: 411 Clients *(pour solde)*
Étape 3	**Remboursement du crédit**
À débiter	: 519 Concours bancaires courants *(pour solde)*
À créditer	: 512 Banques

♦ Application

10/5 Réception de l'avis de crédit relatif à l'escompte de notre LCR magnétique : nominal 2 000 €, escompte 65 €, commissions 25 € HT, TVA 20 %.

10/6 Règlement des clients ayant donné lieu à la LCR magnétique.

15/6 Règlement de l'établissement financier.

	10/5		
512	Banques	1 905,00	
661	Charges d'intérêt	65,00	
6275	Frais sur effets	25,00	
44566	TVA sur ABS	5,00	
519	Concours bancaires courants		2 000,00
	Avis de crédit n° …		
	10/6		
512	Banques	2 000,00	
411	Clients		2 000,00
	Avis de crédit n° …		
	15/6		
519	Concours bancaires courants	2 000,00	
512	Banques		2 000,00
	Avis de débit n° …		

C – Le traitement comptable des cessions de créances loi Dailly

La cession de créances loi Dailly nécessite les quatre étapes suivantes :

Étape 1	Cession des créances portées sur le bordereau de cession de créances professionnelles
À débiter	: 4116 Clients – Créances professionnelles cédées
À créditer	: 411 Clients
Étape 2	**Crédit accordé par la banque**
À débiter	: 512 Banques *(net porté en compte)* : 6616 Intérêts bancaires *(montant des intérêts)*
À créditer	: 519 Concours bancaires courants
Étape 3	**Encaissement des créances pour le compte de la banque**
À débiter	: 512 Banques
À créditer	: 4116 Clients – Créances professionnelles cédées *(pour solde)*
Étape 4	**Remboursement du crédit**
À débiter	: 519 Concours bancaires courants *(pour solde)*
À créditer	: 512 Banques

♦ Application

10/11 La société Crion cède des créances pour un montant de 3 450 € à sa banque. Le décompte de l'opération est le suivant : net porté en compte 3 325 €, escompte 125 €.

15/12 Les clients effectuent leurs règlements par virement bancaire.

	10/11		
4116	Clients – Créances professionnelles cédées	3 450,00	
411	Clients		3 450,00
	Bordereau n° …		
	10/11		
512	Banques	3 325,00	
661	Charges d'intérêt	125,00	
519	Concours bancaires courants		3 450,00
	Avis de crédit n° … :		
	15/12		
512	Banques	3 450,00	
4116	Clients – Créances professionnelles cédées		3 450,00
	Avis de crédit n° … :		
	15/12		
519	Concours bancaires courants	3 450,00	
512	Banques		3 450,00
	Avis de débit n° …		

7 ♦ L'AFFACTURAGE

A – Définition

L'affacturage ou le *factoring* correspond à une technique financière par laquelle une personne dénommé ***adhérent*** transfère ses créances commerciales à un établissement financier appelé ***affactureur*** ou ***factor*** qui se charge d'en opérer le recouvrement, moyennant une certaine ***rémunération*** (Commission d'affacturage soumise à la TVA + Commission de financement) et en garantit la bonne fin, même si elles sont impayées.

B – Le traitement comptable de l'affacturage

Le traitement comptable se déroule en deux étapes :

Étape 1 Transfert des créances au *factor* (cession des créances)

À débiter : 467 Autres comptes débiteurs
À créditer : 411 Clients

Étape 2 Mise à disposition des fonds (financement du *factor*)

Valeur nette = Créances cédées – [(Commissions d'affacturage + TVA) + Commision de financement]

À débiter : 512 Banques *(net porté en compte)*
: 668 Autres charges financières *(commission de financement)*
: 6225 Rémunérations d'affacturage *(commissions HT)*
: 44566 TVA sur ABS *(TVA sur rémunération d'affacturage)*
À créditer : 467 Autres comptes débiteurs *(pour solde)*

♦ Application

15/6 La société Quincy cède des créances pour un montant de 18 000 € à son factor.
18/6 Réception du bordereau d'affacturage adressé par le factor : nominal 18 000 €, commission d'affacturage 1 080 € HT, TVA 20 %, commission de financement 117 €. Le financement est effectué par chèque bancaire.

		15/6		
467		Autres comptes débiteurs	18 000,00	
	411	Clients		18 000,00
		Cession de créances		
		18/6		
512		Banques	16 587,00	
668		Autres charges financières	117,00	
6225		Rémunérations d'affacturage	1 080,00	
44566		TVA sur ABS	216,00	
	467	Autres comptes débiteurs		18 000,00
		CH n° …		

Le suivi du compte « Banques » : l'état de rapprochement

FICHE 13

1 ♦ GÉNÉRALITÉS

L'entreprise doit ***vérifier régulièrement*** son compte « 512 Banques » avec les relevés bancaires afin de contrôler la réciprocité et la simultanéité des enregistrements effectués dans chaque comptabilité. En pratique, il existe souvent des ***différences*** dues aux décalages de date d'enregistrement des opérations, aux erreurs ou omissions effectuées par l'entreprise ou par la banque. L'état de rapprochement est fait généralement tous les mois.

Attention ! Le compte tenu par la banque fonctionne à l'inverse de celui tenu par l'entreprise.

2 ♦ L'ÉTAT DE RAPPROCHEMENT

L'entreprise effectue un ***pointage*** des opérations communes, ce qui lui permet de repérer et d'identifier les ***différences*** qui feront l'objet de l'état de rapprochement. Ce dernier se présente ainsi :

Compte « 512 Banques » au grand livre		
Libellés	**Débit**	**Crédit**
Solde fin de période au ... = Solde débiteur ou créditeur du compte « 512 Banques »	**X** ou	**X**

Corriger ce solde
à l'aide des opérations figurant sur le relevé de compte et non encore enregistrées dans la comptabilité

Compte envoyé par la banque		
Libellés	**Débit**	**Crédit**
Solde fin de période au ... = Solde créditeur ou débiteur du dernier relevé	**X** ou	**X**

Corriger ce solde
à l'aide des opérations figurant dans la comptabilité de l'entreprise et non enregistrées par la banque

Puis, l'entreprise doit ***calculer les nouveaux soldes et vérifier leur concordance***.

SD compte 512 Banques = SC relevé bancaire ou **SC compte 512 Banques = SD relevé bancaire**

3 ♦ LA COMPTABILISATION DES OPÉRATIONS MANQUANTES

L'entreprise ajuste son compte « Banques » en comptabilisant les ***opérations manquantes***.

Écritures relatives aux encaissements	***À débiter*** : 512 Banques ***À créditer*** : 411 Clients : 7.. Comptes de produits : 5113 Effets à l'encaissement : 5114 Effets à l'escompte
Écritures relatives aux décaissements	***À débiter*** : 627 Services bancaires et assimilés : 6.. Comptes de charges : 44566 TVA sur ABS : 401 Fournisseurs : 4.. Comptes de tiers : 403 Fournisseurs – Effets à payer : 661 Charges d'intérêts ***À créditer*** : 512 Banques

♦ Application

Le 30/10, le compte « 512 Banques » présente un SD de 5 450,50 € ; celui mentionné par le relevé bancaire est créditeur de 8 126,58 €. Après avoir effectué un pointage, les différences suivantes sont constatées :

- *le chèque de 1 500 € à l'ordre du fournisseur Leyne n'a pas encore été encaissé ;*
- *le virement bancaire de 1 200 € effectué par le client Roy ainsi que le prélèvement de commissions pour 23,92 € TTC (TVA 20 %) n'ont pas été enregistrés par le service comptable.*

Compte « 512 Banques » au grand livre

Opérations	Débit	Crédit
Solde au 30/10	5 450,50	
Virement SEPA client	1 200,00	
Commisions TTC		23,92
	6 650,50	23,92
Solde débiteur		6 626,58

Compte envoyé par la banque

Opérations	Débit	Crédit
Solde au 30/10		8 126,58
CH n° …	1 500,00	
	1 500,00	8 126,58
Solde créditeur	6 626,58	

	30/10		
512	Banques	1 200,00	
411	Clients		1 200,00
	État n° …		
	30/10		
627	Services bancaires *(HT : 23,92 / 1,20 = 19,93)*	19,93	
44566	TVA sur ABS *(23,92 – 19,93)*	3,99	
512	Banques		23,92
	État n° …		

La rémunération du personnel et les taxes assises sur les rémunérations versées aux salariés

FICHE 14

1 ♦ GÉNÉRALITÉS

Les charges de personnel comprennent :

Les salaires bruts	Les charges sociales patronales
Rémunération des salariés + Cotisations sociales *salariales* retenues par l'employeur	Calculées à partir du montant des *salaires bruts* ou d'une partie des salaires bruts

Le salarié ne perçoit pas l'intégralité de son salaire brut ; son salaire net à payer est égal à :

Salaire brut – Cotisations salariales – Autres retenues + Indemnités = Salaire net à payer

Le bulletin de paie, justificatif de la rémunération versée, est remis à chaque salarié par l'employeur.

Depuis le 1er janvier 2018, toutes les entreprises sont dans l'obligation d'utiliser un modèle de bulletin de paie simplifié dans l'objectif d'en améliorer la lisibilité pour le salarié et la gestion pour l'employeur. Ainsi, les lignes de cotisation de protection sociale sont regroupées par ***risque couvert*** (santé, retraite...) ; les autres contributions relevant de l'employeur sont regroupées en une seule ligne. Par ailleurs, les employeurs peuvent remettre le bulletin de paie sous forme électronique, sauf en cas d'opposition du salarié.

Deux nouveaux modèles officiels du bulletin de paie simplifié devront être respectés par les employeurs : l'un au 1/10/2018 et l'autre au 1/1/2019 afin de tenir compte :

- de la suppression des cotisations salariales maladie (au 1/1/2018) et chômage (au 1/10/2018) ;
- de la nouvelle mention « dont évolution de la rémunération liée à la suppression des cotisations chômage et maladie » qui permet de valoriser pour le salarié l'avantage représenté par la baisse des cotisations sociales par rapport à la hausse de la CSG déductible de 1,7 point au 1/1/2018 ;
- du prélèvement à la source de l'impôt sur le revenu (PAS) à compter du 1/1/2019 ;
- du régime unifié de retraite complémentaire AGIRC-ARRCO à partir du 1/1/2019.

2 ♦ LE CALCUL DES CHARGES DE PERSONNEL

A – Le principe du plafonnement

La base de calcul de certaines cotisations est ***plafonnée*** à un certain montant. Le plafond est fixé chaque année, le 1er janvier, par décret. On distingue ***trois tranches*** : A, B, C. Elles sont délimitées chacune par un plancher et un plafond, soit depuis le 1er janvier 2018 :

Salaire brut total

Tranche A	Tranche B (tranche A x 4)	Tranche C (tranche A x 8)
3 311 €	13 244 €	26 488 €

B – Les éléments du calcul des salaires proprement dits

Salaire brut

Salaire de base
+ Heures supplémentaires (HS)
+ Éléments accessoires (avantages en nature, primes...)
– Éléments venant minorer le salaire brut (absences…)

–

Cotisations sociales salariales

Contribution des salariés au financement de la protection sociale :
CSG + CRDS + Sécurité sociale + Retraite complémentaire

=

Salaire net de cotisations

Salaire brut
– Cotisations sociales salariales

–

Autres retenues

Acompte, avance, montant des chèques-restaurant pour la part supportée par les salariés, opposition, avantages en nature

+

Indemnités non soumises à cotisations sociales

Remboursement de frais engagés par le salarié (indemnités de transport)

=

Net à payer avant impôt sur le revenu

Salaire brut – Retenues + Indemnités

Attention ! Depuis 2016, l'ensemble des salariés doit avoir accès à une couverture minimale de prévoyance complémentaire collective et obligatoire ***frais de santé***. L'employeur doit en assurer le financement pour au moins 50 %.

Le double des bulletins de paie doit être conservé par l'entreprise pendant 5 ans. Par ailleurs, la tenue d'un livre de paie (récapitulatif des éléments de calcul de la paie) est facultative.

C – Les charges sociales patronales

Les cotisations sociales patronales, contribution au financement de la protection sociale des salariés, constituent une ***charge d'exploitation*** qui vient augmenter les « Charges de personnel ».

D – La déclaration et le règlement des organismes sociaux

L'employeur ***déclare et verse simultanément*** aux organismes sociaux les cotisations sociales des salariés et les cotisations patronales. On distingue :

- l'Union de recouvrement des cotisations de Sécurité sociale et d'Allocations familiales (URSSAF). Le recouvrement des cotisations patronales d'assurance chômage est assuré par l'URSSAF ;
- les Caisses adhérentes de l'Association des régimes de retraite complémentaire, salariés non cadres, (ARRCO) et de l'Association générale des institutions de retraite des cadres (AGIRC), régimes fusionnés à partir de 2019.

Depuis 2018, ***la déclaration sociale nominative (DSN) électronique*** est généralisée et remplace la totalité des déclarations périodiques adressées aux organismes sociaux. Le paiement des cotisations est effectué via la DSN. Cette nouvelle modalité déclarative s'effectue en ligne via le portail : *net-entreprises.fr.*

E – Le prélèvement à la source de l'impôt sur le revenu (PAS)

Dans le cadre de la mise en œuvre de la retenue à la source de l'impôt sur le revenu sur les salaires versés à partir du 1/1/2019, l'employeur aura, dans le cas général, quatre obligations à respecter dans son rôle de collecteur :

- appliquer le taux de prélèvement transmis par l'administration fiscale, via la DSN ;
- retenir le prélèvement à la source (PAS) sur le salaire net à payer avant impôt sur le revenu (Salaire net imposable x Taux de prélèvement) ;
- déclarer, via la DSN, les montants prélevés pour chaque salarié ;
- reverser en M + 1 à l'administration fiscale les prélèvements à la source du mois M. Les reversements seront effectués le 8 du mois M + 1 pour les entreprises d'au moins 50 salariés et le 18 du mois M + 1 pour les autres. Toutefois, les entreprises de moins de 11 salariés pourront opter pour un versement trimestriel.

3 ♦ LA COMPTABILISATION DES CHARGES DE PERSONNEL ET DU PAS

Les coûts relatifs aux rémunérations du personnel ainsi que les charges sociales patronales et le PAS sont comptabilisés dans les subdivisions du compte « 64 Charges de personnel ». On distingue les ***étapes*** suivantes :

1 Avances et acomptes versés au personnel	***À débiter*** : 425 Personnel – Avances et acomptes ***À créditer*** : 512 Banques
2 Salaire brut + Indemnités non soumises à cotisations	***À débiter*** : 641 Rémunérations du personnel ***À créditer*** : 421 Personnel – Rémunérations dues

3 Retenues sur salaires *(Avances + Acomptes versés + Oppositions + Cotisations salariales + Avantages en nature + PAS)*	***À débiter*** : 421 Personnel – Rémunérations dues ***À créditer*** : 425 Personnel – Avances et acomptes *(pour solde)* 427 Personnel – Oppositions 431 Sécurité sociale *(subdivisé selon les besoins)* 437 Autres organismes sociaux *(subdivisé selon les besoins)* 44. État *(PAS à partir de 2019)* 641 Rémunérations du personnel *(avantages en nature)*
4 Règlement des salaires	***À débiter*** : 421 Personnel – Rémunérations dues *(pour solde égal au net à payer)* ***À créditer*** : 512 Banques
5 Charges sociales patronales	***À débiter*** : 645 Charges de sécurité sociale et de prévoyance 647 Autres charges sociales *(chèques-restaurant)* ***À créditer*** : 431 Sécurité sociale *(subdivisé selon les besoins)* 437 Autres organismes sociaux *(subdivisé selon les besoins)*
6 Règlement des organismes sociaux *(Part salariale + Part patronale)*	***À débiter*** : 431 Sécurité sociale 437 Autres organismes sociaux ***À créditer*** : 512 Banques
7 Reversement du PAS au service des impôts	***À débiter*** : 44. État ***À créditer*** : 512 Banques

♦ Application

Vous disposez des éléments suivants relatifs à la paie du personnel pour le mois de mars (2019) :

- *acomptes versés : 49 500 €*
- *salaires bruts (dont 89 000 € d'avantages en nature) : 446 000 €*
- *cotisations de Sécurité sociale : 55 800 €*
- *retraites complémentaires : 30 896 €*
- *mutuelle : 9 805 €*
- *indemnités de transport : 6 030 €*
- *prélèvement à la source de mars : 31 220 €*

Les charges sociales patronales afférentes sont :

- *cotisations de sécurité sociale :108 000 €*
- *assurance chômage : 33 004 €*
- *retraites complémentaires : 44 496 €*
- *mutuelle : 6 400 €*

Les salaires sont réglés à la fin du mois par virements et les organismes sociaux le 15 du mois suivant par télépaiements.

		31/3		
425		Personnel – Avances et acomptes	49 500	
	512	Banques		49 500
		CH n°		
		31/3		
641		Rémunérations du personnel	452 030	
	421	Personnel – Rémunérations dues		452 030
		D'après livre de paie (446 000 + 6 030)		
		31/3		
421		Personnel – Rémunérations dues	266 221	
	431	Sécurité sociale		55 800
	437	Autres organismes sociaux *(30 896 + 9 805)*		40 701
	425	Personnel – Avances et acomptes		49 500
	641	Rémunérations du personnel		89 000
	44.	État …		31 220
		D'après livre de paie		

	31/3		
421	Personnel – Rémunérations dues	185 809	
512	Banques		185 809
	VIR n° …, n° …, n° … ; (452 030 – 266 221)		
	31/3		
645	Charges de sécurité sociale et de prévoyance	191 900	
431	Sécurité sociale		141 004
437	Autres organismes sociaux *(44 496 + 6 400)*		50 896
	D'après état des charges patronales		
	15/4		
431	Sécurité sociale *(66 504 + 141 004)*	207 508	
437	Autres organismes sociaux *(40 701 + 50 896)*	91 597	
512	Banques		299 105
	Certificats de prélèvements n° …, n° …		
	18/4		
44	État	31 220	
512	Banques		31 220
	Prélèvement SEPA		

Attention ! Pour les entreprises soumises à l'IS et bénéficiaires du Crédit d'impôt pour la compétitivité et l'emploi (CICE) jusqu'au 31/12/2018, l'ANC préconise de comptabiliser le CICE au ***crédit*** du compte « 649 Produit d'impôt CICE ». Pour les entreprises non soumises à l'IS, le CICE ne génère aucune écriture comptable. Ce dernier est supprimé à partir du 1/1/2019 et remplacé par un allègement pérenne des cotisations sociales patronales.

4 ♦ LES CHARGES FISCALES ASSISES SUR LES RÉMUNÉRATIONS VERSÉES AUX SALARIÉS

L'entreprise supporte ***différentes taxes, contributions ou participations*** en tant qu'employeur. La base d'imposition de chacune correspond à l'assiette des cotisations de Sécurité sociale.

A – La nature des taxes ou des participations

On distingue principalement :

La taxe d'apprentissage et la contribution supplémentaire à l'apprentissage
▶ Tout employeur qui exerce une activité industrielle, commerciale ou artisanale ▶ ***Taxe proprement dite*** : taux applicable pour la collecte 2018 : 0,68 % (0,44 % pour l'Alsace-Moselle) ▶ ***Contribution supplémentaire à l'apprentissage*** pour les entreprises d'au moins 250 salariés, si le nombre moyen de salariés en contrat de professionnalisation ou d'apprentissage représente moins de 5 % de l'effectif annuel moyen (quota d'alternants) : taux variable de 0,40 % à 0,05 % selon le quota d'alternants (pour l'Alsace-Moselle 52 % des taux normaux)
La contribution à la formation professionnelle continue
▶ Tout employeur, quel que soit l'effectif ▶ Taux applicable pour la collecte 2018 : 0,55 % pour les entreprises de moins de 11 salariés ; 1 % pour celles de 11 salariés et plus (1,3 % pour les entreprises de travail temporaire)

D'après le projet de loi pour la liberté de choisir son avenir professionnel, à compter du 1er janvier 2019, la contribution à la formation professionnelle continue et la taxe d'apprentissage seront remplacées par une ***contribution unique*** à la formation professionnelle et à l'alternance avec deux régimes de financement distincts et les taux actuels maintenus.

La taxe sur les salaires
▶ Employeur non assujetti à la TVA ▶ Taux variable de 4,25 % à 13,60 % suivant des tranches
Le versement transport
▶ Employeur ayant plus de 10 salariés ▶ Taux variable selon l'agglomération
La participation à l'effort de construction
▶ Employeur occupant au minimum 20 salariés ▶ Taux de 0,45 %

B – La comptabilisation

Les charges fiscales assises sur les salaires sont comptabilisées dans les subdivisions du compte « 63 Impôts, taxes et versements assimilés » suivant le destinataire (administration des impôts ou organismes collecteurs). Lorsque l'entreprise est autorisée à effectuer des dépenses libératoires, elle bénéficie d'***exonération partielle ou totale*** de la taxe ou de la participation concernée. La comptabilisation des taxes ou des participations peut comprendre les ***étapes*** suivantes :

Étape 1	Constatation de la charge destinée à l'administration fiscale	***À débiter*** : 631 Impôts, taxes et versements assimilés sur rémunérations (administration des impôts) ***À créditer*** : 447 Autres impôts, taxes et versements assimilés
Étape 2	Constatation de la charge destinée à un organisme collecteur	***À débiter*** : 633 Impôts, taxes et versements assimilés sur rémunérations (autres organismes) ***À créditer*** : 437 Autres organismes sociaux
Étape 3	Versements au tiers collecteur	***À débiter*** : 447 Autres impôts, taxes et versements assimilés ou 437 Autres organismes sociaux ***À créditer*** : 512 Banques

♦ Application

Une entreprise de 30 salariés a enregistré 632 000 € de rémunérations brutes en N. L'entreprise déclare la contribution à la formation professionnelle le 31 janvier N + 1 et la verse le 1er mars N + 1 à l'organisme collecteur agréé.

Le taux de la contribution est de 1 % pour les entreprises de 11 salariés et plus: 632 000 x 1% = 6 320 €

		31/1/N + 1		
633		Impôts, taxes et versements assimilés sur rémunérations (autres organisme)	6 320,00	
	437	Autres organismes sociaux		6 320,00
		Déclaration DADS n° …		
		1/3/N + 1		
437		Autres organismes sociaux	6 320,00	
	512	Banques		6 320,00
		VIR n° …		

La comptabilisation de la déclaration de TVA

FICHE 15

1 ♦ LA DÉCLARATION DE TVA

Selon le régime du réel normal, les redevables de la TVA ***sont tenus d'établir une déclaration de TVA*** (imprimé CA3) et de ***payer spontanément*** l'impôt dû au Trésor public.

Sa périodicité est en principe ***mensuelle***. Elle doit être établie entre le 15 et le 24 du mois suivant la période concernée. L'assujetti reporte sur la déclaration pour le mois :

– le montant des opérations réalisées imposables ou non ;

– les éléments de calcul de la TVA à déclarer.

Les sommes portées sur la déclaration sont arrondies à l'euro le plus proche.

Le paiement de la TVA est ***simultané*** à l'envoi de la déclaration.

Attention ! La télédéclaration et le télérèglement sont obligatoires pour toutes les entreprises soumises ou non à l'IS.

2 ♦ LA DÉTERMINATION DE LA TVA À DÉCLARER

A – La TVA nette due

Le calcul de la TVA due pour le mois (M) est le suivant :

TVA collectée sur les ventes
+ TVA due sur acquisitions intracommunautaires et sur achats de prestations internationales
+ TVA due pour les opérations qui relèvent des autres dispositifs d'autoliquidation de la TVA *
= TVA brute due
–
TVA déductible sur les biens constituant des immobilisations
+ TVA déductible sur les autres biens et services *(y compris sur acquisitions intracommunautaires)*
= Total TVA déductible
=
TVA nette due

* TVA due à l'importation (sur option) et TVA due sur travaux de construction réalisés par un sous-traitant

Attention ! Désormais, pour mentionner le montant de la TVA déductible sur la déclaration de TVA, il suffit que l'assujetti possède les factures correspondantes à la date de dépôt de sa déclaration même si les factures parviennent après l'échéance de la période d'imposition concernée.

B – Le crédit de TVA

Lorsque le montant de la TVA déductible est ***supérieur*** au montant de la TVA brute due, l'entreprise constate un crédit de TVA (créance sur l'État). Le crédit de TVA peut être reporté sur la prochaine déclaration ou remboursé sur demande si son montant est ≥ 760 €.

L*es entreprises doivent télétransmettre* leur demande de remboursement.

3 ♦ LA COMPTABILISATION DE LA DÉCLARATION DE TVA

A – La TVA à décaisser

Il faut ***solder*** pour le mois considéré les comptes de TVA et ***comptabiliser*** la TVA nette due.

TVA à décaisser TVA brute due > TVA déductible	
À débiter	: 44571 TVA collectée *(pour solde)* : 4452 TVA due intracommunautaire *(pour solde)* : 445 (.) TVA due sur prestations de services
À créditer	: 44562 TVA sur immobilisations *(pour solde)* : 44566 TVA sur ABS *(pour solde)* : 445662 TVA déductible intracommunautaire *(pour solde)* : 44551 TVA à décaisser *(TVA nette due)*

B – Le paiement de la TVA à décaisser

Lors de la transmission de la télédéclaration et du télépaiement de la dette au Trésor public, la TVA à décaisser est ***soldée***.

Paiement de la TVA à décaisser
À débiter : 44551 TVA à décaisser *(pour solde)*
À créditer : 5.. Compte de trésorerie concerné

♦ Application

Les opérations suivantes ont été réalisées par la société DJ au cours du mois de novembre ; TVA 20 % :

– Ventes de marchandises HT en France :	*86 500 €*
– Ventes de marchandises HT en UE :	*27 700 €*
– Acquisition d'un véhicule de tourisme pour la directrice commerciale :	*18 000 € HT*
– Achats de marchandises HT en France :	*65 250 €*
– Achats de marchandises HT en UE (factures jointes à la livraison) :	*700 €*
– Paiement d'acomptes TTC à des prestataires de services établis en France :	*2 400 €*

La déclaration est transmise le 23 décembre par voie électronique.

• TVA à déclarer

	TVA collectée sur les ventes en France :	86 500 x 20 % =	17 300
+	TVA due sur acquisitions intracommunautaires :	700 x 20 % =	140
=	TVA brute due		**17 440**
	TVA déductible sur les achats de marchandises en France :	65 250 x 20 % =	13 050
+	TVA déductible sur acquisitions intracommunautaires :		140
+	TVA déductible sur acomptes versés :	(2 400 / 1,20) x 20 % =	400
=	Total TVA déductible sur ABS		**13 590**

TVA nette due : 17 440 – 13 590 = 3 850
Les livraisons intracommunautaires sont exonérées de TVA.
La TVA sur les véhicules de tourisme est non déductible.

• Comptabilisation de la télédéclaration de TVA

Compte	Libellé	Débit	Crédit
	23/12		
44571	TVA collectée	17 300,00	
4452	TVA due intracommunautaire	140,00	
44566	TVA sur ABS		13 450,00
445662	TVA déductible intracommunautaire		140,00
44551	TVA à décaisser		3 850,00
	CA3 n° …		
	23/12		
44551	TVA à décaisser	3 850,00	
512	Banques		3 850,00
	CA3 n° …, certificat de prélèvement n° …		

C – Le crédit de TVA

L'entreprise constate ***une créance sur l'État***. Les comptes de TVA utilisés pour le mois considéré sont ***soldés***.

Crédit de TVA TVA brute due < TVA déductible	
À débiter	: 44571 TVA collectée *(pour solde)* : 4452 TVA due intracommunautaire *(pour solde)* : 44567 Crédit de TVA
À créditer	: 44562 TVA sur immobilisations *(pour solde)* : 44566 TVA sur ABS *(pour solde)* : 445662 TVA déductible intracommunautaire *(pour solde)*

Si le crédit de TVA est reporté sur une déclaration suivante, il viendra en diminution de la prochaine TVA due à l'État et le compte 44567 sera ***soldé***.

♦ Application

Les soldes au 31/10 des comptes de TVA utilisés par la société Rack sont les suivants :
– 4452 TVA due intracommunautaire : 2 460 €
– 44562 TVA sur immobilisations : 4 530 €
– 44566 TVA sur ABS : 82 800 €
– 44562 TVA collectée : 63 600 €
La déclaration est télétransmise le 16 novembre.

• TVA à déclarer

(63 600 + 2 460) – (4 530 + 82 800 + 2 460) = – 23 730

TVA brute due < TVA déductible = Crédit de TVA

• Comptabilisation de la télédéclaration de TVA

		Débit	Crédit
	16/11		
44571	TVA collectée	63 600,00	
4452	TVA due intracommunautaire	2 460,00	
44567	Crédit de TVA	23 730,00	
44562	TVA sur immobilisations		4 530,00
44566	TVA sur ABS		82 800,00
445662	TVA déductible intracommunautaire		2 460,00
	CA3 n° …		

Les immobilisations incorporelles et corporelles

FICHE 16

1 ♦ DÉFINITION

Les immobilisations incorporelles et corporelles sont des éléments sur lesquels l'entreprise exerce un ***droit de propriété*** ou dispose de leur ***contrôle***.

Ce sont des ***actifs*** qui sont destinés à servir ***durablement*** dans l'entreprise.

Immobilisations non financières		
	Immobilisations incorporelles	***Actif non monétaire*** sans substance physique et ***frais*** liés à la constitution ou au développement de l'entreprise.
	Immobilisations corporelles	***Actif physique détenu***, soit pour être utilisé dans la production ou la fourniture de biens ou services, soit pour être loué à des tiers, soit à des fins de gestion interne et dont l'entité attend qu'il soit utilisé au-delà de l'exercice en cours.

Pour répondre à la définition d'un actif et être comptabilisé comme tel, plusieurs critères sont retenus :

Critères de définition d'un actif	Critères de comptabilisation d'un actif
L'immobilisation doit être : – identifiable ; – contrôlée ; – procurer des avantages économiques futurs.	L'entreprise doit : – bénéficier des avantages économiques futurs procurés par l'actif ; – évaluer le coût de l'actif avec une fiabilité suffisante.

Les éléments qui ne répondent pas à ces critères sont des ***charges***, ainsi que ceux qui ont ***une durée de vie inférieure à 12 mois*** ou encore ceux dont la valeur HT est inférieure à ***500 €,*** même s'ils sont considérés comme des actifs.

2 ♦ LA CLASSIFICATION DU PLAN COMPTABLE GÉNÉRAL

Les deux catégories d'immobilisations incorporelles et corporelles sont des éléments constitutifs de ***l'actif immobilisé*** et représentent chacune une ***rubrique***.

Elles sont regroupées dans des comptes de la *classe 2* du plan de comptes et sont classées d'après leur nature :

20 Immobilisations incorporelles	
201 Frais d'établissement	Dépenses engagées à l'occasion d'opérations qui conditionnent l'existence ou le développement de l'entreprise (prospection, publicité…). La méthode préférentielle est la comptabilisation en charges.
203 Frais de recherche et de développement	Seuls les frais de développement qui se rapportent à des projets nettement individualisés ayant de sérieuses chances de réussite et dont le coût est distinctement établi sont concernés.
205 Concessions et droits similaires, brevets, licences, marques, procédés, logiciels, droits et valeurs similaires	Dépenses faites pour l'obtention de l'avantage que constitue la protection accordée à l'inventeur, à l'auteur, au bénéficiaire du droit d'exploitation d'un brevet, d'une licence… Dépenses d'acquisition ou de création de logiciels, de conception et de développement de sites actifs.
206 Droit au bail	Montant versé ou dû au locataire précédent en considération du transfert à l'acheteur des droits résultant tant des conventions que de la propriété commerciale.
207 Fonds commercial	Éléments incorporels du fonds de commerce acquis qui ne font pas l'objet d'une évaluation et d'une comptabilisation séparées au bilan et qui concourent au maintien et au développement du potentiel d'activité de l'entreprise. Autrement dit, le fonds commercial correspond à la part résiduelle des éléments qui composent le fonds de commerce.
208 Autres immobilisations incorporelles	Fichier clientèle dissociable du fonds commercial…

Précisons que la définition précitée du fonds commercial a été introduite dans le PCG par le règlement 2015-06 de l'Autorité des normes comptables à l'issue de la transposition de la directive comptable unique. De plus, il est précisé dans le recueil des normes comptables que le fonds commercial se compose essentiellement de la clientèle, de l'achalandage, de l'enseigne, du nom commercial et des parts de marché.

Attention ! Les frais d'établissement et certains frais de développement peuvent être, sur option, comptabilisés en charges.
Les dépenses engagées pour créer en interne un fonds de commerce sont comptabilisées en charges.

21 Immobilisations corporelles	
211 Terrains	Valeur des terrains : terrains nus et/ou aménagés, sous-sols et sur-sols, carrières, terrains bâtis...
212 Agencements et aménagements de terrains	Dépenses faites en vue de l'aménagement des terrains : clôtures, mouvements de terres...
213 Constructions	Bâtiments, installations, agencements et aménagements, ouvrages d'infrastructure.
214 Constructions sur sol d'autrui	Valeur des constructions édifiées sur le sol d'autrui.
215 Installations techniques, matériel et outillage industriels	Installations complexes spécialisées, matériels industriels et outillage, leurs agencements et aménagements.
218 Autres immobilisations corporelles	Installations générales, agencements, aménagements lorsqu'ils sont incorporés dans des immobilisations dont l'entité n'est pas propriétaire ; matériel de transport, matériel de bureau et d'informatique, mobilier et emballages récupérables identifiables.

3 ♦ LA VALEUR D'ENTRÉE DES IMMOBILISATIONS

A – Les acquisitions à titre onéreux

Les immobilisations incorporelles et corporelles acquises par l'entreprise, à titre onéreux, entrent dans le patrimoine à leur coût d'acquisition HT.

Coût d'acquisition
=

Obligatoirement		Sur option*	
Prix d'achat net	+ Coûts directement attribuables	+ Frais à caractère juridique et fiscal	+ Coût d'emprunt directement attribuable
Prix d'achat HT + Droits de douane + TVA non récupérable – Réductions commerciales – Escompte de règlement	Engagés pour la mise en place et la mise en état de fonctionner d'après l'utilisation prévue par la direction (frais de transport, d'installation, coûts de préparation du site, honoraires de professionnels tels que géomètres, architectes…).	Constitués des droits de mutation, des honoraires ou commissions directement liés à la transaction et des frais d'actes.	Sous conditions.

* L'autre option consiste à les comptabiliser en charges.

♦ Application

L'entreprise Marley fait l'acquisition d'une plieuse :

Prix catalogue HT :	*28 000 €*
Remise :	*5 %*
Escompte :	*2 %*
Frais de montage HT :	*1 200 €*
TVA 20 %	

Les frais de formation du personnel utilisateur s'élèvent à 900 € HT, TVA taux normal.

Le coût d'acquisition HT de la plieuse :

Prix d'achat HT	28 000
Remise 5 %	– 1 400
Net commercial	= 26 600
Escompte 2 %	– 532
Net financier	= 26 068
Frais de montage	+ 1 200
Montant HT	= 27 268

Les frais de formation du personnel sont inscrits en charges car ils interviennent après la mise en état de fonctionner de la plieuse.

B – Les acquisitions à titre gratuit

Les immobilisations incorporelles et corporelles acquises par l'entreprise, à titre gratuit, entrent dans le patrimoine à leur ***valeur vénale***.

Valeur vénale	=	Montant qui pourrait être obtenu, à la date de clôture, de la vente d'un actif lors d'une transaction conclue à des conditions normales de marché, ***net des coûts de sortie*** (coûts directement attribuables à la sortie d'un actif sauf charges financières et charge d'impôt sur résultat).

4 ♦ LA COMPTABILISATION DES ACQUISITIONS D'IMMOBILISATIONS À TITRE ONÉREUX

Pour distinguer les opérations d'investissements de celles liées à l'activité, le PCG prévoit, outre les comptes d'immobilisations des ***comptes spécifiques de créances et de dettes***.

A – Les avances et les acomptes

Un fournisseur d'immobilisation peut demander, à la commande, le versement d'une avance ou d'un acompte. Il établit alors une facture d'acompte pour son ***montant HT*** car l'exigibilité de la TVA interviendra à la livraison.

Versement de l'avance ou de l'acompte	
À débiter	: 237 ou 238 Avances et acomptes versés sur commandes d'immobilisations incorporelles ou corporelles
À créditer	: 5.. Compte de trésorerie concerné

B – La facturation

Le coût d'acquisition de l'immobilisation est porté dans le compte d'immobilisation concerné.

L'escompte n'est jamais comptabilisé.

L'avance ou l'acompte versé, le cas échéant, ***minore*** le montant de la dette ou du décaissement.

Le traitement comptable est le suivant :

Réception de la facture	
À débiter	: 20. ou 21. Compte d'immobilisation concerné *(coût d'acquisition HT)* : 44562 TVA sur immobilisation
À créditer	: 404 Fournisseurs d'immobilisations *(net à payer)* : 237 ou 238 Avances et acomptes versés sur commandes d'immobilisations incorporelles ou corporelles *(pour solde, le cas échéant)*

Attention ! La TVA sur l'acquisition des véhicules de tourisme n'est pas récupérable. Le compte d'immobilisation concerné est donc débité pour le montant TTC.

5 ♦ LA COMPTABILISATION DES ACQUISITIONS D'IMMOBILISATIONS À TITRE GRATUIT

L'opération est ***exonérée de TVA*** et n'entraîne pas de dette, ni de décaissement. ***Un produit exceptionnel*** est, en principe, constaté.

Entrée de l'immobilisation dans le patrimoine	
À débiter	: 20. ou 21. Compte d'immobilisation concerné
À créditer	: 778 Autres produits exceptionnels

♦ Application

La société Spock a reçu les factures suivantes :

5/9 Facture n° 0936 du fournisseur Copior relative à l'acquisition d'un photocopieur :

Prix brut HT : 3 000 €
Frais d'installation : 400 €
Ramettes de papier : 35 €
TVA 20 %
Acompte versé en août : 300 €

10/9 Facture n° 318 du Garage du Centre relative à l'acquisition d'un véhicule de tourisme :

Prix brut HT : 8 000 €
Escompte 2 % pour règlement comptant par chèque bancaire
TVA 20 %

Par ailleurs, le 20/9, la société a reçu à titre gratuit du mobilier de bureau dont le prix de vente à des conditions normales de marché est estimé à 4 200 € ; coût d'enlèvement : 280 €.

- Facture n° 0936

Les ramettes de papier sont comptabilisées en charges.
Le coût d'acquisition HT du photocopieur est de 3 400 € : 3 000 + 400
Le net à payer dû au fournisseur est égal au montant TTC (3 435 x 1,20) minoré de l'acompte versé (4 122 – 300)

	5/9		
2183	Matériel de bureau et matériel informatique	3 400,00	
606	Achats non stockés de matières et fournitures	35,00	
44562	TVA sur immobilisations	680,00	
44566	TVA sur ABS	7,00	
238	Avances et acomptes versés sur commandes d'immobilisations corporelles		300,00
404	Fournisseurs d'immobilisations		3 822,00
	Copior FA n° 0936		

- Facture n° 318

Le coût d'acquisition HT du véhicule est de 7 840 € : 8 000 – 2 %
La TVA n'est pas déductible.
Le coût d'acquisition TTC est de 9 408 €

	10/9		
2182	Matériel de transport	9 408,00	
512	Banques		9 408,00
	Garage du Centre FA n° 318, CH n° …		

- Mobilier

La valeur vénale est de 3 920 € : 4 200 – 280

	20/9		
2184	Mobilier	3 920,00	
778	Autres produits exceptionnels		3 920,00
	Acquisition gratuite de mobilier		

Les immobilisations produites par l'entreprise

FICHE 17

1 ♦ PRINCIPES

L'entreprise fabrique ou crée ***pour elle-même*** une immobilisation incorporelle ou corporelle. Le coût d'entrée de cette immobilisation s'effectue au coût de production.

Coût de production
=

Obligatoirement				Sur option*
Coût d'acquisition des matières consommées	+	Charges directes et indirectes de production directement attribuables	+	Coût d'emprunt directement attribuable
↓		↓		↓
D'après les mêmes règles que celles énoncées page 79.		Nécessaires à la mise en place et à la mise en état de fonctionner du bien.		Sous conditions.

* L'autre option consiste à les comptabiliser en charges.

2 ♦ LA COMPTABILISATION

La production d'une immobilisation pour elle-même constitue un ***produit d'exploitation*** destiné à équilibrer les charges de production correspondantes. L'entreprise doit constater une production immobilisée au compte « 72 Production immobilisée ».

D'un point de vue fiscal, il s'agit ***d'une livraison à soi-même (LASM)*** d'immobilisation affectée aux besoins de l'entreprise. ***L'imposition à la TVA*** sur LASM d'immobilisations corporelles est désormais ***supprimée*** lorsque l'assujetti aurait pu déduire l'intégralité de la TVA s'il avait acquis l'immobilisation auprès d'un autre assujetti.

En revanche, ***elle est maintenue si l'assujetti n'est pas un déducteur intégral***. Dans ce cas uniquement, l'entreprise doit collecter la TVA sur le montant porté dans le compte « 72 Production immobilisée » et déduire la TVA à concurrence de la fraction de TVA admise en déduction. La fraction de TVA non déductible vient majorer le compte d'immobilisation concerné.

Pour les immobilisations incorporelles, l'opération n'est jamais soumise à la TVA.

La comptabilisation nécessite une ou deux étapes, selon la durée de production de l'immobilisation :

Immobilisation produite sur un exercice par un déducteur intégral Mise en service du bien	
À débiter	: 20. ou 21. Compte d'immobilisation concerné *(coût de production total HT)*
À créditer	: 72 Production immobilisée *(coût de production total HT)*

Immobilisation produite sur plusieurs exercices par un déducteur intégral	
Étape 1	**Constatation de l'en-cours de production à la fin de chaque exercice**
À débiter	: 23 Immobilisations en cours *(coût de production des travaux effectués sur l'exercice)*
À créditer	: 72 Production immobilisée *(coût de production des travaux effectués sur l'exercice)*
Étape 2	**Mise en service du bien**
À débiter	: 20. ou 21. Compte d'immobilisation concerné *(coût de production total HT)*
À créditer	: 23 Immobilisations en cours *(pour solde)* : 72 Production immobilisée *(coût de production constaté sur l'exercice d'achèvement du bien)*

♦ Application

La société Max a construit pour elle-même des coffres de rangement, mis en service le 15/10/N.
La construction a débuté en décembre N – 1.
Le coût de production total des coffres a été réparti de la manière suivante :

N – 1 : 1 200 €
N : 2 800 €

Première hypothèse : la société Max déduit intégralement la TVA (taux 20 %).
Deuxième hypothèse : le coefficient de déduction de la TVA est de 0,8.

• Première hypothèse

	15/10/N		
2184	Mobilier	4 000,00	
231	Immobilisations en cours		1 200,00
72	Production immobilisée		2 800,00
	Coffres achevés, fiche analytique n° …		

• Deuxième hypothèse

	15/10/N		
2184	Mobilier*	4 160,00	
44566	TVA sur ABS	640,00	
231	Immobilisations en cours		1 200,00
72	Production immobilisée		2 800,00
44571	TVA collectée		800,00
	Coffres achevés, fiche analytique n° …		

* 4 000 + (4 000 x 20 % x 0,2)

La méthode de comptabilisation par composants

FICHE 18

1 ♦ PRINCIPES

L'entreprise doit distinguer parmi ses immobilisations corporelles qui ont une durée de vie limitée dans le temps celles qui sont ***décomposables*** ou non.

Pour être décomposable, l'immobilisation acquise neuve ou d'occasion doit être constituée ***d'éléments identifiables*** ayant chacun une ***durée d'utilisation différente*** devant faire l'objet de ***remplacement à intervalles réguliers*** ou procurant des avantages économiques selon un ***rythme différent***.

2 ♦ L'IDENTIFICATION DES COMPOSANTS

A – Les composants significatifs

D'après l'administration fiscale, un composant est jugé significatif selon trois critères :

Coût d'acquisition	> 500 €
Valeur relative par rapport à l'immobilisation	> 15 % du prix de revient total de l'immobilisation pour les biens meubles > 1 % du prix de revient total de l'immobilisation pour les immeubles
Durée d'utilisation en fonction de la nature du composant	< 80 % de la durée d'utilisation de l'immobilisation > 12 mois

B – La ventilation du coût d'entrée

Le coût d'entrée des immobilisations est ventilé par composants ***dès leur acquisition***.

La décomposition de l'immobilisation s'effectue donc au ***sein*** du coût d'entrée.

Parmi les composants formant l'immobilisation, il y a lieu de distinguer :

La structure	Partie non décomposée de l'immobilisation
Les composants de 1re catégorie	Autres éléments principaux destinés à être remplacés
les composants de 2e catégorie	Dépenses d'entretien faisant l'objet de programmes pluriannuels de grosses réparations ou de grandes révisions qui ont pour objet de vérifier le bon état de fonctionnement et d'apporter un entretien sans prolonger la durée de vie du bien. Ces dépenses sont comptabilisées dès l'origine comme composant, si aucune provision pour gros entretien ou grandes révisions n'a été constatée

C – Les dépenses ultérieures

Certaines dépenses ultérieures, telles que les dépenses de remplacement de composants, d'amélioration (échange standard), de gros entretien, doivent être identifiées comme des composants de l'immobilisation à condition qu'elles répondent aux critères d'identification des composants, de définition et de comptabilisation d'un actif. La valeur globale de l'immobilisation est alors modifiée.

3 ♦ LA COMPTABILISATION

Chaque composant doit être comptabilisé ***séparément*** dans des subdivisions du compte d'immobilisation concerné.

Entrée de l'immobilisation dans le patrimoine	
À débiter	: 21..1 Compte d'immobilisation concerné – Structure
	: 21..2 Compte d'immobilisation concerné – Composant
	: 21..3 Compte d'immobilisation concerné – Composant
	: 44562 TVA sur immobilisations
À créditer	: 404 Fournisseurs d'immobilisations

♦ Application

2/6 Acquisition d'un camion frigorifique pour 42 000 € HT, TVA 20 %. D'après l'étude technique, plusieurs composants sont identifiés : carosserie (structure) : 10 600 € ; moteur : 14 180 € ; habitacle : 17 220 €.

Compte	2/6	Débit	Crédit
2182.1	Matériel de transport – Structure	10 600,00	
2182.2	Matériel de transport – Moteur	14 180,00	
2182.3	Matériel de transport – Habitacle	17 220,00	
44562	TVA sur immobilisations	8 400,00	
404	Fournisseurs d'immobilisations		50 400,00
	FA n° …		

Les immobilisations financières

FICHE 19

1 ♦ DÉFINITION

Les immobilisations financières comprennent des prêts, des créances assimilables à des prêts et des titres que l'entreprise désire ***conserver durablement***.

2 ♦ CLASSIFICATION DU PLAN COMPTABLE GÉNÉRAL

Les immobilisations financières font partie de l'actif immobilisé et représentent une ***rubrique***. Elles sont regroupées dans les comptes de la ***classe 2*** du plan de comptes et sont classées d'après leur nature.

On distingue essentiellement :

26 Participations et créances rattachées à des participations	
261 Titres de participation	Titres dont la possession durable est estimée utile à l'activité de l'entreprise (exercer une influence sur la société ou en assurer le contrôle). Désormais, le PCG comporte la définition suivante : constituent des participations les droits dans le capital d'autres personnes morales, matérialisés ou non par des titres, qui en créant un lien durable avec celles-ci, sont destinés à contribuer à l'activité de la société détentrice. Sont présumés être des participations les titres représentant une fraction du capital supérieur à 10 %.
267 Créances rattachées à des participations	Créances nées à l'occasion de prêts octroyés à des entités dans lesquelles le prêteur détient une participation.

27 Autres immobilisations financières	
271 Titres immobilisés autres que les TIAP (droit de propriété)	Titres (droit de propriété) donnés en nantissement ou faisant l'objet d'un blocage temporaire supérieur à un an.
272 Titres immobilisés (droit de créance)	Titres (droit de créance) faisant l'objet d'un blocage temporaire supérieur à un an (obligations et bons).

27 Autres immobilisations financières	
273 Titres immobilisés de l'activité de portefeuille (TIAP)	Portefeuille de titres acquis pour en retirer rapidement une rentabilité satisfaisante (aucune intervention dans la gestion des entreprises).
274 Prêts	Prêts à long et moyen terme accordés par l'entreprise à des tiers.

27 Autres immobilisations financières	
275 Dépôts et cautionnements versés	Sommes versées à des tiers à titre de garantie et indisponibles jusqu'à la réalisation d'une condition suspensive.
276 Autres créances immobilisées	Créances qui seront récupérées à long, moyen et court terme, ainsi que les intérêts courus.

3 ♦ LES PRÊTS

Les prêts sont consentis le plus souvent à titre exceptionnel à des salariés. Ils représentent des ***créances financières durables***.

Les prêts peuvent être accordés avec ***intérêts*** et donc procurer des ***revenus financiers*** au prêteur.

Le traitement comptable nécessite deux opérations distinctes :

Versement des fonds à la date de réalisation du prêt	
À débiter	: 274 Prêts *(valeur nominale)*
À créditer	: 512 Banques *(valeur nominale)*

Encaissement des annuités aux dates d'échéance Annuité = Amortissement du prêt + Intérêts	
À débiter	: 512 Banques *(annuité)*
À créditer	: 274 Prêts *(amortissement)* : 762 Produits des autres immobilisations financières *(intérêts)*

♦ Application

15/6/N La société accorde un prêt de 15 000 € au salarié Goin remboursable en 3 ans.
15/6/N + 1 Le salarié rembourse le tiers de sa dette et verse 250 € d'intérêts.

Compte débit	Compte crédit	Libellé	Débit	Crédit
		15/6/N		
274		Prêts	15 000,00	
	512	Banques		15 000,00
		VIR n° …		
		15/6/N + 1		
512		Banques	5 250,00	
	274	Prêts		5 000,00
	762	Produits des autres immobilisations financières		250,00
		Goin annuité (15 000/3) + 250 : Avis de crédit n° …		

Précisons que la loi Macron du 6 août 2015 autorise les sociétés par actions et les SARL dont les comptes sont certifiés par un commissaire aux comptes ***à octroyer***, à titre accessoire, ***des prêts de 2 ans au plus*** à des PME ou à des entreprises de taille intermédiaire (ETI) avec lesquelles elles entretiennent des liens économiques (contrat de sous-traitance, membres d'un même GIE…).

Ce dispositif entré en vigueur le 22 avril 2016, est encadré par des conditions strictes. Ainsi ***l'entreprise emprunteuse*** ne peut être qu'une TPE, une PME ou une ETI. Pour ***la société prêteuse***, ses capitaux propres doivent être supérieurs au montant du capital social, l'excédent brut d'exploitation et la trésorerie nette doivent être positifs et cela à la date de clôture de chacun des deux exercices comptable précédent la date d'octroi du prêt. De plus, ces prêts sont soumis à plafonnement.

4 ♦ LES ACQUISITIONS DE TITRES

A – Définition

Les titres sont des ***valeurs mobilières*** émises par des sociétés par actions et par les SARL sous conditions.

Ils comprennent :

Les actions	Droit de propriété avec revenu variable (dividende).
Les obligations	Droit de créance avec revenu fixe (intérêt).

B – La valeur d'entrée dans le patrimoine

Les titres classés en immobilisations financières entrent dans le patrimoine à leur coût d'acquisition.

Coût d'acquisition
=

Obligatoirement				Sur option*
Prix d'acquisition	+	Coûts directement attribuables	+	Frais d'acquisition
		↓ À l'acquisition des titres		↓ Droits de mutation, honoraires, commissions et frais d'acte

* L'autre option consiste à les comptabiliser en charges.

Attention ! Fiscalement, pour les sociétés soumises à l'IS, les frais d'acquisition sur titres de participation sont obligatoirement incorporés au prix de revient quelle que soit l'option comptable choisie.

C – La comptabilisation

L'opération d'acquisition de titres est ***exonérée de TVA***. Toutefois, certains frais d'acquisition (commissions bancaires…) sont soumis à la TVA. Le coût d'acquisition est porté dans le compte de titres concerné.

Le traitement comptable est le suivant :

Entrée de titres dans le patrimoine	
À débiter	: 26./27.Titres …
	: 6271 Frais sur titres *(sur option)*
	: 44566 TVA sur ABS *(TVA sur frais)*
À créditer	: 512 Banques

♦ Application

8/9 Achat de 300 actions BDA au coût unitaire de 180 € pour un placement sur 3 ans, frais d'acquisition prélevés par la banque 612 € (dont 102 € de TVA).

25/9 Acquisition de 400 actions Lile au coût unitaire de 200 €, dans l'objectif d'une prise de contrôle. Les frais d'acquisition s'élèvent à 810 € (dont 135 € de TVA).

La société a opté pour l'activation des frais d'acquisition pour les titres de participation et pour leur inscription en charges pour les autres titres.

- Actions BDA
  Ce sont des titres immobilisés autres que des TIAP.

		8/9		
271		Titres immobilisés autres que les titres immobilisés de l'activité de portefeuille (droit de propriété)	54 000,00	
6271		Frais sur titres	510,00	
44566		TVA sur ABS	102,00	
	512	Banques		54 612,00
		Actions BDA (180 x 300)		

- Actions Lile
  Ce sont des titres de participation.
  Coût d'acquisition : (400 x 200) + (810 – 135) = 80 673

		25/9		
261		Titres de participation	80 675,00	
44566		TVA sur ABS	135,00	
	512	Banques		80 810,00
		Actions Lile		

Les valeurs mobilières de placement

FICHE 20

1 ♦ DÉFINITION ET CLASSIFICATION

Les valeurs mobilières de placement (VMP) sont des titres acquis par l'entreprise en vue de réaliser ***un gain à brève échéance***. Ces titres sont donc, en principe, cédés rapidement.

Les VMP font partie de l'***actif circulant***. Elles sont regroupées dans les comptes de la ***classe 5*** du plan de comptes et sont classées d'après leur nature :

503 Actions	Droit de propriété avec revenu variable (dividende).
506 Obligations	Droit de créance avec revenu fixe (intérêt).

2 ♦ LES ACQUISITIONS DE VALEURS MOBILIÈRES DE PLACEMENT

A – La valeur d'entrée dans le patrimoine

Le coût d'entrée des VMP est évalué au coût d'acquisition :

Coût d'acquisition
=

Obligatoirement				Sur option*
Prix d'acquisition	+	Coûts directement attribuables	+	Frais d'acquisition
		↓		↓
		À l'acquisition des titres		Droits de mutation, honoraires, commissions et frais d'acte.

* L'autre option consiste à les comptabiliser en charges. L'option retenue doit être identique à celle choisie pour les titres immobilisés autres que les titres de participation (voir fiche 19).

B – La comptabilisation des acquisitions

L'opération d'acquisition de VMP est ***exonérée de TVA***. Toutefois, certains frais d'acquisition (commissions bancaires…) sont soumis à la TVA.

Le traitement comptable est le suivant :

Entrée des VMP dans le patrimoine	
À débiter	: 503 Actions ou 506 Obligations : 6271 Frais sur titres *(sur option)* : 44566 TVA sur ABS *(TVA sur frais)*
À créditer	: 512 Banques ou 464 Dettes sur acquisitions de VMP

3 ♦ LES REVENUS DES VALEURS MOBILIÈRES DE PLACEMENT

La détention d'actions ou d'obligations ***procure des revenus*** tels que des ***dividendes*** pour les actions, des ***intérêts*** (coupons) pour les obligations.

Les revenus (dividendes ou intérêts) dégagés par la possession de VMP constituent un ***produit financier*** :

Encaissement de revenus issus des VMP	
À débiter	: 512 Banques
À créditer	: 764 Revenus des valeurs mobilières de placement

♦ Application

10/6 Achat de 200 actions d'une SICAV monétaire au prix unitaire de 88 € pour placer un excédent de trésorerie sur 3 mois. Les commissions bancaires s'élèvent à 160 € HT, TVA 20 %.

20/6 Encaissement de dividendes distribués par la SICAV AD pour un montant de 562 €.

La société a opté pour l'activation des frais d'acquisition.

		Débit	Crédit
	10/6		
503	Actions	17 760,00	
44566	TVA sur ABS	32,00	
512	Banques		17 792,00
	SICAV monétaire : (200 x 88) + 160 = 17 760		
	20/6		
512	Banques	562,00	
764	Revenus des VMP		562,00
	Avis de crédit n° … : SICAV AD		

4 ♦ LES CESSIONS DE VALEURS MOBILIÈRES DE PLACEMENT

A – Le résultat de cession

Lors de la cession de VMP, l'entreprise doit déterminer ***le résultat de cession*** réalisé par l'opération :

Résultat de cession = Prix de cession – Coût d'acquisition

Le résultat de cession de VMP a un caractère ***financier*** et traduit :

- soit une plus-value ⇒ Prix de cession > Coût d'acquisition
- soit une moins-value ⇒ Prix de cession < Coût d'acquisition

Les frais de cession peuvent être enregistrés soit en charges, soit imputés sur le prix de cession.

Lorsqu'une entreprise cède des titres de ***même nature*** acquis à des coûts différents, ***la valeur d'entrée des titres cédés*** est estimée soit d'après la méthode du Coût unitaire moyen pondéré (CUMP), soit d'après la méthode « Premier entré, Premier sorti » (PEPS).

B – La comptabilisation des cessions

La cession des VMP nécessite la comptabilisation de deux opérations :

① la cession au prix de cession

② la sortie des VMP du patrimoine pour la valeur d'entrée des titres cédés

La nature du résultat de cession détermine la nature du compte à utiliser pour la comptabilisation des deux opérations :

- plus-value ⇒ Produits financiers
- moins-value ⇒ Charges financières

Cession de VMP avec plus-value		
Étape 1	Cession	***À débiter*** : 512 Banques ou 465 Créances sur cessions de valeurs mobilières de placement *(prix de cession)* ***À créditer*** : 767 Produits nets sur cessions de valeurs mobilières de placement *(prix de cession)*
Étape 2	Sortie du patrimoine	***À débiter*** : 767 Produits nets sur cessions de valeurs mobilières de placement *(valeur d'entrée des titres cédés)* ***À créditer*** : 50. VMP *(valeur d'entrée des titres cédés)*

Le ***solde créditeur*** du compte 767 représente le montant de la ***plus-value*** réalisée.

Cession de VMP avec moins-value	
Étape 1 Cession	*À débiter* : 512 Banques ou 465 Créances sur cessions de valeurs mobilières de placement *(prix de cession)* *À créditer* : 667 Charges nettes sur cessions de valeurs mobilières de placement *(prix de cession)*
Étape 2 Sortie du patrimoine	*À débiter* : 667 Charges nettes sur cessions de valeurs mobilières de placement *(valeur d'entrée des titres cédés)* *À créditer* : 50. VMP *(valeur d'entrée des titres cédés)*

Le ***solde débiteur*** du compte 667 représente le montant de la ***moins-value*** réalisée.

♦ Application

La société Zaïg fournit les informations suivantes :
12/6 Le portefeuille des VMP comprend :
– 180 actions P au coût unitaire de 90 €
– 150 actions P au coût unitaire de 82 €
20/6 Cession de 220 actions P au prix unitaire de 84 €
La valeur d'entrée des titres cédés est estimée d'après la méthode PEPS.

• Valeur d'entrée des titres cédés

180	x	90	=	16 200
40	x	82	=	3 280
220				19 480

• Résultat de cession

(220 x 84) – 19 480 = – 1 000 € (moins-value)

	20/6		
465	Créances sur cessions de VMP	18 480,00	
667	Charges nettes sur cessions de VMP		18 480,00
	Cession de 220 actions P		
	20/6		
667	Charges nettes sur cessions de VMP	19 480,00	
503	Actions		19 480,00
	Sortie du patrimoine de 220 actions P		

L'emprunt bancaire

FICHE 21

1 ♦ DÉFINITION

L'emprunt bancaire est un emprunt ***indivi*** c'est-à-dire accordé par un seul prêteur, la banque, et ***remboursable à terme***. Il représente une ressource externe de financement et plus particulièrement une ***dette financière*** à plus ou moins long terme.

La somme empruntée est appelée ***principal ou encore capital emprunté***. La rémunération à la charge de l'entreprise représente les ***intérêts***.

2 ♦ LE REMBOURSEMENT DE L'EMPRUNT

Le versement effectué au titre du remboursement de l'emprunt comprend :

- **l'amortissement** ⇒ Partie ou totalité de la dette remboursée à l'échéance
- **les intérêts** ⇒ Rémunération du prêteur

Amortissement + Intérêts = Annuité de remboursement

Il existe trois modalités de remboursement des emprunts :

Remboursement par amortissements constants Intérêts décroissants Annuités décroissantes	$A = \frac{V_o}{n}$ $I_p = V_p \times i$ $a_p = A + I_p$
Remboursement par annuités constantes Intérêts décroissants Amortissements croissants	$a = V_o \frac{i}{1-(1+i)^{-n}}$ $I_p = V_p \times i$ $A_p = a - I_p$
Remboursement *in fine* Intérêts constants	De la première à l'avant-dernière annuité : $I_p = V_o \times i$ $a_p = I$ $A = 0$ pour la dernière annuité : $a_p = I + V_o$ $A = V_o$

V_o : capital emprunté ; **n** : nombre de périodes de remboursement ; **i** : taux d'intérêt ; **p** : période quelconque ;
I : montant des intérêts payés pour chaque période ; **A** : amortissement ; **a** : annuité

La banque remet à l'entreprise emprunteuse un tableau d'amortissement qui comprend les éléments suivants :

Échéances	Capital restant dû	Intérêts	Amortissements	Annuités

Somme des amortissements = Capital emprunté

Somme des intérêts = Coût total de l'emprunt

3 ♦ LA COMPTABILISATION DE L'EMPRUNT

Le traitement comptable de l'emprunt comprend deux opérations courantes distinctes.

Lors de la réalisation de l'emprunt :

- l'emprunt constitue une dette financière ;
- la banque facture, le plus souvent, des frais de dossier qui sont exonérés de TVA et comptabilisés en charges d'exploitation ;
- le montant perçu correspond au montant net des frais versé par la banque.

Lors du remboursement de l'emprunt :

- la dette initiale est remboursée pour le montant correspondant à l'amortissement ;
- les intérêts payés constituent une charge financière ;
- le montant versé à la banque correspond à l'annuité.

Réalisation de l'emprunt À la date de l'encaissement des fonds	
À débiter	: 512 Banques *(net perçu)* : 627 Services bancaires *(frais de dossier)*
À créditer	: 164 Emprunts auprès des établissements de crédit

Remboursement de l'emprunt À la date d'échéance	
À débiter	: 164 Emprunts auprès des établissement de crédit *(amortissement : A_p)* : 6611 Intérêts des emprunts et dettes *(I_p)*
À créditer	: 512 Banques *(annuité : a)*

Attention ! Pour le mode *in fine*, seuls les intérêts sont comptabilisés à chaque échéance ; l'amortissement est enregistré lors de la dernière échéance.

♦ Application

Le 31 mars N, la société Cibor règle la première annuité relative à un emprunt contracté le 1er avril N – 1 aux conditions suivantes :

Montant :	*50 000 €*
Frais de dossier :	*500 €*
Taux :	*5 %*
Remboursable sur 5 ans par amortissements constants	

• Comptabilisation de la réalisation de l'emprunt

	1/4/N – 1		
512	Banques	49 500,00	
627	Services bancaires	500,00	
164	Emprunts auprès des établissements de crédit		50 000,00
	Avis de crédit n° … :		

• Tableau d'amortissement de l'emprunt

Échéances	Capital restant dû	Intérêts I	Amortissements A	Annuités a
31 mars N	50 000,00	2 500,00	10 000,00	12 500,00
31 mars N + 1	40 000,00	2 000,00	10 000,00	12 000,00
31 mars N + 2	30 000,00	1 500,00	10 000,00	11 500,00
31 mars N + 3	20 000,00	1 000,00	10 000,00	11 000,00
31 mars N + 4	10 000,00	500,00	10 000,00	10 500,00
	Total	7 500,00	50 000,00	57 500,00

Amortissement = 50 000 / 5 = 10 000

I_1 = 50 000 x 5 % = 2 500 — a_1 = 10 000 + 2 500 = 12 500

I_2 = 40 000 x 5 % = 2 000 — a_2 = 10 000 + 2 000 = 12 000

I_3 = 30 000 x 5 % = 1 500 — a_3 = 10 000 + 1 500 = 11 500

I_4 = 20 000 x 5 % = 1 000 — a_4 = 10 000 + 1 000 = 11 000

I_5 = 10 000 x 5 % = 500 — a_5 = 10 000 + 500 = 10 500

• Comptabilisation de la première annuité

	31/3/N		
164	Emprunts auprès des établissements de crédit	10 000,00	
6611	Intérêts des emprunts et dettes	2 500,00	
512	Banques		12 500,00
	Avis de débit n° … : Tableau d'amortissement		

Les subventions d'exploitation, d'équilibre et d'investissement

1 ♦ DÉFINITION

Les subventions sont des ***aides financières non remboursables*** accordées aux entreprises par l'État ou les collectivités publiques.

Le Plan comptable général distingue ***trois catégories*** de subventions :

Subventions d'exploitation	Elles permettent à l'entreprise de compenser l'insuffisance de certains produits d'exploitation ou de faire face à certaines charges d'exploitation.
Subventions d'équilibre	Elles permettent à l'entreprise de compenser la perte globale que celle-ci aurait constatée si elle n'avait pas bénéficié de cette subvention.
Subventions d'investissement	Elles permettent à l'entreprise d'acquérir ou de créer des valeurs immobilisées (subventions d'équipement) et de financer des activités à long terme (autres subventions d'investissement).

2 ♦ LES SUBVENTIONS ET LA TVA

Les subventions sont soumises à la TVA si elles remplissent une des deux conditions suivantes :

- elles constituent ***la contrepartie*** d'une vente ou d'une prestation de service réalisée au profit de la collectivité publique versante ;
- elles constituent ***un complément de prix*** d'une vente ou d'une prestation de service et permet au client de payer un prix inférieur à celui du marché.

En conséquence, ***ne sont pas soumises à la TVA les subventions destinées*** :

- à couvrir une partie des charges d'exploitation ;
- à financer un bien d'investissement ;
- à compenser un déficit.

3 ♦ LA COMPTABILISATION

En principe, on distingue deux étapes de comptabilisation :

- l'octroi de la subvention
- l'encaissement de la subvention

A – Les subventions d'exploitation et d'équilibre

Elles procurent un ***enrichissement*** et sont chacune comprises dans le résultat de l'exercice au cours duquel elles sont attribuées.

La subvention d'exploitation constitue un ***produit d'exploitation***.

La subvention d'équilibre représente un ***produit exceptionnel***.

Étape 1	**Octroi de la subvention** À la date de la notification
À débiter	: 441 État – Subventions à recevoir (*HT ou TTC*)
À créditer	: 74 Subventions d'exploitation (*HT*) ou : 7715 Subventions d'équilibre (*HT*) : 44571 TVA collectée *(le cas échéant)*
Étape 2	**Encaissement de la subvention** À la date du versement
À débiter	: 512 Banques
À créditer	: 441 État – Subventions à recevoir

♦ Application

10/9 La société Loos reçoit, à la suite de sa demande, une lettre de notification de Pôle emploi relative à une aide à l'embauche d'un senior dans le cadre d'un CDI pour un montant de 800 €.

25/11 Réception d'un chèque de Pôle emploi du montant de la subvention.

Il s'agit d'une subvention d'exploitation non soumise à la TVA.

	10/9		
441 74	État – Subventions à recevoir Subventions d'exploitation *Notification n° …*	800,00	 800,00
	25/11		
512 441	Banques État – Subventions à recevoir *Pôle emploi CH n° …*	800,00	 800,00

B – Les subventions d'investissement

L'entreprise a le choix entre deux options pour comptabiliser l'octroi de la subvention :

Options		
Prise en compte immédiate dans le résultat de l'exercice	⇒	La subvention est comptabilisée en ***produit exceptionnel*** de l'exercice au cours duquel elle est attribuée.
Régime d'étalement de l'enrichissement	⇒	Lors de son octroi, la subvention est considérée comme une ressource de financement. Elle est comptabilisée en ***capitaux propres***, puis elle est ***rapportée au résultat*** de manière echelonnée sur les exercices suivants pour constater l'enrichissement provenant de la subvention (voir fiche 28).

Octroi de la subvention	
Option 1 Produit exceptionnel	***À débiter*** : 441 État – Subventions à recevoir ***À créditer*** : 777 Quote-part des subventions d'investissement virée au résultat de l'exercice
Option 2 Élément des capitaux propres	***À débiter*** : 441 État – Subventions à recevoir ***À créditer*** : 131 Subventions d'équipement ou : 138 Autres subventions d'investissement

Encaissement de la subvention
À débiter : 512 Banques ***À créditer*** : 441 État – Subventions à recevoir

♦ Application

15/6 L'hôtel Héol reçoit une notification du Conseil régional relative à l'octroi d'une subvention concernant la solarisation de la piscine de plein air.

Le coût de l'investissement HT (capteurs + couverture) est de 15 000 €. Le montant de la subvention s'élève à 30 %.

10/10 La subvention est encaissée.

L'entreprise a opté pour le régime d'étalement.

		15/6		
441		État – Subventions à recevoir	4 500,00	
	131	Subventions d'équipement		4 500,00
		Notification n° … ; 15 000 x 30 %		
		10/10		
512		Banques	4 500,00	
	441	État – Subventions à recevoir		4 500,00
		Conseil régional CH n° …		

Le crédit-bail

FICHE 23

1 ♦ PRINCIPE

Le crédit-bail est une technique de financement des investissements qui consiste à ***louer des biens*** mobiliers ou immobiliers contre versement d'une ***redevance*** à une société de crédit-bail.

L'opération nécessite trois intervenants : ***l'entreprise (crédit-preneur)*** choisit le bien auprès d'un fournisseur. Après analyse et acceptation du dossier, le ***crédit-bailleur*** achète le bien au ***fournisseur*** et le loue à l'entreprise.

En fin de contrat, l'entreprise locataire a la possibilité ***d'acquérir*** les biens pour un prix fixé à l'avance ; cette opération s'intitule ***levée de l'option d'achat***.

2 ♦ LA COMPTABILISATION

A – Les redevances

Les redevances constituent une ***charge d'exploitation***. Elles sont soumises à la TVA et ouvrent droit à déduction. Si le bien concerné est exclu du droit à déduction, les redevances sont comptabilisées TTC.

Les redevances	
Redevance = Amortissement du bien + Rémunération de la société de crédit-bail + Prime de risque	
À débiter	: 6122 Crédit-bail mobilier
	: ou
	: 6125 Crédit-bail immobilier
	: 44566 TVA sur ABS
À créditer	: 512 Banques

Attention ! Lorsqu'un ou plusieurs loyers sont versés à titre de garantie et indisponibles jusqu'à la réalisation du contrat, ils sont comptabilisés au débit du compte 275 Dépôts et cautionnements versés.

B – La levée de l'option d'achat

À la fin du contrat, si le locataire lève l'option d'achat, il devient propriétaire du bien.

Le coût d'acquisition du bien ***est égal au prix de cession*** inscrit au contrat.

Le traitement comptable est identique à celui relatif à l'acquisition d'une immobilisation :

La levée de l'option d'achat	
À débiter	: 21. Compte d'immobilisation concerné : 44562 TVA sur immobilisations
À créditer	: 512 Banques

♦ Application

2/5/N La société Nora souscrit un contrat de crédit-bail, d'une durée de 4 ans, pour un matériel destiné à lutter contre le bruit. Elle verse un dépôt de garantie de 2 000 €.

10/5/N Paiement de la facture relative à la redevance mensuelle du matériel : 1 000 € HT, TVA 20 %.

La société Nora lève l'option d'achat le 10/5/N + 3 pour un montant de 12 000 HT, TVA 20 %. Le même jour, le crédit-bail leur rembourse le dépôt de garantie.

	2/5/N		
275	Dépôts et cautionnements versés	2 000,00	
512	Banques		2 000,00
	CH n° …		
	10/5/N		
6122	Crédit-bail mobilier	1 000,00	
44566	TVA sur ABS	200,00	
512	Banques		1 200,00
	FA n° … ; CH n° …		
	10/5/N + 3		
215	Installations techniques, matériel et outillage industriels	12 000,00	
44562	TVA sur immobilisations	2 400,00	
512	Banques		14 400,00
	FA n° … ; CH n° …		
	10/5/N + 3		
512	Banques	2 000,00	
275	Dépôts et cautionnements versés		2 000,00
	CH n° …		

Les principes et l'organisation des travaux d'inventaire

FICHE 24

1 ♦ PRINCIPES

D'après le PCG : Toute entité contrôle au moins une fois tous les douze mois les données d'inventaire. L'inventaire est un relevé de tous les éléments d'actif et de passif au regard desquels sont mentionnées la quantité et la valeur de chacun d'eux. Les données d'inventaire sont conservées et organisées de manière à justifier le contenu de chacun des postes du bilan.

L'inventaire permet :

- **L'établissement des comptes annuels** ⇒ Bilan, compte de résultat, annexe, en respectant les principes d'image fidèle du patrimoine, d'indépendance des exercices et de prudence.
- **L'exploitation d'informations** ⇒ Par les utilisateurs intéressés pour apprécier la gestion et la santé financière de l'entreprise.

Précisons que l'inventaire réalisé au moins tous les 12 mois, à la clôture de l'exercice, ne correspond pas nécessairement à la fin de l'année civile.

Rappelons que le livre d'inventaire est supprimé depuis le 1er janvier 2016.

2 ♦ LES TRAVAUX D'INVENTAIRE

A – La nature des travaux

On distingue ***deux types de travaux interdépendants*** :

Les travaux d'inventaire	
Travaux extra-comptables	• ***Recenser les éléments actifs et passifs*** à l'aide d'un inventaire physique. • ***Estimer les événements qui modifient la valeur comptable des comptes*** en application des principes d'image fidèle, de prudence et d'indépendance des exercices. • ***Calculer la valeur d'inventaire*** des éléments actifs et passifs.
Travaux comptables	• ***Comptabiliser*** les opérations d'inventaire : ajustements et régularisations nécessaires des comptes d'actif, de passif, de charges et de produits en fonction des travaux extra-comptables et compte tenu des règles existantes. • ***Solder*** les comptes de gestion et déterminer le résultat. • ***Établir*** les comptes annuels.

Les opérations d'inventaire comprennent essentiellement :
- la régularisation des stocks ;
- le suivi des amortissements, des dépréciations et des provisions ;
- la régularisation des charges et des produits ;
- la sortie du patrimoine des immobilisations et des VMP ;
- l'ajustement des comptes banques (voir fiche 13).

B – Les comptes d'inventaire

La plupart des opérations d'inventaire nécessite l'utilisation de ***comptes spécifiques*** qui sont mouvementés uniquement au cours de la période d'inventaire.

Les principaux comptes d'inventaire sont présentés dans le tableau ci-dessous :

Typologie des comptes d'inventaire	Caractéristiques	Comptes du PCG
Charges calculées	Elles sont calculées par l'entreprise elle-même en application des règles comptables ou fiscales relatives aux amortissements, dépréciations et provisions. Elles sont non décaissables.	68 Dotations aux amortissements, dépréciations et provisions
Produits calculés	Ils sont calculés par l'entreprise elle-même en application des règles comptables ou fiscales relatives aux amortissements, dépréciations et provisions. Ils sont non encaissables.	78 Reprises sur amortissements, dépréciations et provisions
Provisions réglementées	Éléments du passif correspondant à des réserves provisoires constituées en application de dispositions légales.	14 Provisions réglementées
Provisions	Éléments du passif dont le montant ou l'échéance n'est pas fixé de façon précise.	15 Provisions
Comptes d'actif soustractifs	Ils permettent le suivi comptable des amortissements et des dépréciations des éléments d'actif concernés. Ils sont inscrits à l'actif du bilan en diminution de la valeur des éléments d'actif correspondants pour déterminer leur valeur d'inventaire.	2**8** Amortissements des immobilisations 2**9** Dépréciations des immobilisations 3**9** Dépréciations des stocks et en-cours 4**9** Dépréciations des comptes de tiers 5**9** Dépréciations des comptes financiers

Typologie des comptes d'inventaire	Caractéristiques	Comptes du PCG
Comptes transitoires	Ils servent à actualiser les montants en euros des créances et des dettes en monnaie étrangère, à l'inventaire, dans l'attente d'une régularisation ultérieure.	476 Différences de conversion – Actif 477 Différences de conversion – Passif
Dettes et créances à venir	Ils servent à rattacher les charges et les produits à l'exercice concerné.	168**8** Intérêts courus 276**8** Intérêts courus 4.**8** Comptes de tiers concernés
Comptes de régularisation actif et passif		4**8**6 Charges constatées d'avance 4**8**7 Produits constatés d'avance

3 ♦ L'ORGANISATION DES TRAVAUX D'INVENTAIRE

Les travaux d'inventaire s'organisent de la manière suivante :

Balance avant inventaire	Situation de l'ensemble des comptes, non corrigés des opérations d'inventaire
Inventaire extra-comptable	(Voir fiche 24)
Opérations d'inventaire	(Voir fiche 24)
Balance après inventaire	Situation de l'ensemble des comptes, corrigés des opérations d'inventaire
Écritures de regroupement	Solde des comptes de gestion et détermination du résultat
Balance d'inventaire ou de clôture	Comptes de bilan seulement
Comptes annuels • Bilan • Compte de résultat • Annexe	(Voir fiches 38, 39 et 40)

Rappelons que désormais les micro-entreprises au sens comptable sont dispensées d'établir l'annexe.

L'inventaire intermittent et les variations des stocks

FICHE 25

1 ♦ DÉFINITION DES STOCKS

Les stocks sont des biens ou des services qui interviennent dans le ***cycle d'exploitation*** de l'entreprise pour être soit vendus, soit consommés au premier usage. Ils représentent des ***actifs***.

2 ♦ LA CLASSIFICATION DU PCG

Les stocks font partie de ***l'actif circulant*** et sont regroupés dans les comptes de la ***classe 3*** du plan de comptes. Ils sont classés par nature et par ordre chronologique du cycle d'exploitation :

Comptes de stocks
31 Matières premières (et fournitures)
32 Autres approvisionnements
33 En-cours de production de biens
34 En-cours de production de services
35 Stocks de produits finis
37 Stocks de marchandises

3 ♦ L'INVENTAIRE INTERMITTENT

La comptabilité générale préconise la méthode de l'inventaire intermittent pour le suivi des stocks. Elle consiste à n'enregistrer ***aucun mouvement de stocks au cours de l'exercice*** dans les comptes concernés. ***Les stocks sont évalués et comptabilisés à la clôture de l'exercice***. En conséquence, à la clôture des comptes :

- les stocks initiaux sont annulés ;
- les stocks finals sont évalués après avoir réalisé un inventaire physique ; ils sont ensuite enregistrés dans les comptes correspondants ;
- la variation globale de chacun des stocks entre le début et la fin de l'exercice peut être ainsi constatée.

4 ♦ L'ÉVALUATION DES STOCKS

Le coût des stocks doit comprendre tous les coûts d'acquisition, de transformation et autres coûts encourus pour amener les stocks à l'endroit et dans l'état où ils se trouvent.

Les stocks d'approvisionnements et de marchandises sont évalués au coût d'acquisition :

Coût d'acquisition = Prix d'achat HT – Réductions commerciales et escomptes de règlement + Coûts directement attribuables (Frais de transport, de manutention…)

Les stocks de produits et les en-cours de production sont évalués au coût de production :

Coût de production = Coût d'acquisition des matières consommées + Charges directes de production + Charges indirectes de production

Attention ! Les pertes et les gaspillages ainsi que les coûts administratifs sont exclus des coûts.

Le coût d'acquisition et le coût de production sont, en principe, fournis par la comptabilité analytique et sont calculés par l'une des ***trois méthodes préconisées par le PCG*** :

Coût unitaire moyen pondéré (CUMP) en fin de période	Coût unitaire moyen pondéré (CUMP) après chaque entrée	FIFO (***First in, First out***) ou PEPS (**Premier entré, Premier sorti**)
$\frac{\text{Valeur du stock initial + Valeur des achats}}{\text{Quantité du stock initial + Quantité achetée}}$	$\frac{\text{Valeur du stock précédent + Valeur des achats}}{\text{Quantité du stock initial + Quantité achetée}}$	Les lots les plus anciens sortent les premiers jusqu'à épuisement total

L'entreprise doit utiliser la même méthode pour tous les stocks ayant une nature et un usage similaire.

Les escomptes de règlement doivent être déduits du coût d'acquisition des stocks, bien qu'ils soient comptabilisés en produits financiers au cours de l'exercice. Ceci implique un calcul pour la détermination du stock final.

Stock final avant déduction des escomptes – Escomptes de règlement comptabilisés en produits financiers = Stock final net d'escompte

5 ♦ LA COMPTABILISATION DES STOCKS

Le traitement comptable des stocks à l'inventaire s'effectue en ***deux étapes*** à l'aide de deux types de comptes :

- **Un compte d'actif** ⇒ Comptes de stocks
- **Un compte de gestion** ⇒
  - Comptes de charges : Variation des stocks pour les approvisionnements et les marchandises
  - Comptes de produits : Variation des stocks pour les en-cours de production et les produits

Étape 1 Annulation des stocks initiaux	
Annulation des stocks initiaux concernant les approvisionnements et marchandises	***À débiter*** : 6031 Variation des stocks de matières premières (et fournitures) : 6032 Variation des stocks des autres approvisionnements : 6037 Variation des stocks de marchandises ***À créditer*** : 31 Matières premières (et fournitures) : 32 Autres approvisionnements : 37 Stocks de marchandises
Annulation des stocks initiaux concernant les en-cours de production et produits	***À débiter*** : 7133 Variation des en-cours de production de biens : 7134 Variation des en-cours de production de services : 7135 Variation des stocks de produits ***À créditer*** : 33 En-cours de production de biens : 34 En-cours de production de services : 35 Stocks de produits
Étape 2 Création des stocks finals	
Création des stocks finals concernant les approvisionnements et marchandises	***À débiter*** : 31 Matières premières (et fournitures) : 32 Autres approvisionnements : 37 Stocks de marchandises ***À créditer*** : 6031 Variation des stocks de matières premières (et fournitures) : 6032 Variation des stocks des autres approvisionnements : 6037 Variation des stocks de marchandises
Création des stocks finals concernant les en-cours de production et produits	***À débiter*** : 33 En-cours de production de biens : 34 En-cours de production de services : 35 Stocks de produits ***À créditer*** : 7133 Variation des en-cours de production de biens : 7134 Variation des en-cours de production de services : 7135 Variation des stocks de produits

♦ Application

À la fin de l'exercice, l'état des stocks nets d'escompte de la société Gral est le suivant :

	Stocks au 31/12/N – 1	*Stocks au 31/12/N*
– stocks de matières premières :	*100 500*	*88 450*
– stocks de marchandises :	*14 350*	*19 600*
– stocks de produits en cours :	*33 600*	*37 100*
– stocks de produits finis :	*175 200*	*140 600*

	31/12		
6031	Variation des stocks de matières premières	100 500	
6037	Variation des stocks de marchandises	14 350	
7133	Variation des en-cours de production de biens	33 600	
7135	Variation des stocks de produits finis	175 200	
310	Matières premières (et fournitures)		100 500
370	Stocks de marchandises		14 350
33	En-cours de production de biens		33 600
355	Produits finis		175 200
	Annulation des stocks		

	31/12		
310	Matières premières (et fournitures)	88 450	
370	Stocks de marchandises	19 600	
33	En-cours de production de biens	37 100	
355	Produits finis	140 600	
6031	Variation des stocks de matières premières		88 450
6037	Variation des stocks de marchandises		19 600
7133	Variation des en-cours de production de biens		37 100
7135	Variation des stocks de produits finis		140 600
	Création des stocks		

6 ♦ LES VARIATIONS DES STOCKS ET LE COMPTE DE RÉSULTAT

Le solde de chaque compte de variation ***exprime la variation globale*** de la valeur du stock net d'escompte concerné entre le début et la fin de l'exercice.

A – Les variations relatives aux achats d'approvisionnements et de marchandises

La nature du solde du compte « 603 Variation des stocks » permet de déterminer le ***signe*** de la variation dans le compte de résultat.

La variation des stocks peut être aussi calculée et interprétée arithmétiquement :

Stock initial – Stock final

Comptes	Nature du solde	Signe	Conséquences
603 Variation des stocks	**Solde débiteur** Stock initial > Stock final	(+)	Augmentation de charges ⇒ Consommation de stocks
	Solde créditeur Stock initial < Stock final	(–)	Diminution de charges ⇒ Surstockage

Les variations des stocks relatives aux achats d'approvisionnements et de marchandises viennent ***corriger*** le montant des achats pour obtenir le ***coût d'achat des marchandises vendues*** ou le ***coût d'achat des matières et approvisionnements consommés*** qui entre dans la formation du résultat.

Achats
±
Variation des stocks
=
Coût d'achat des marchandises vendues
et/ou
Coût d'achat des matières et approvisionnements consommés

B – Les variations relatives aux en-cours de production et produits

La nature du solde du compte 713 Variation des stocks permet de déterminer le ***signe*** de la variation dans le compte de résultat.

La variation des stocks peut être aussi calculée et interprétée arithmétiquement :

Stock final – Stock initial

Comptes	Nature du solde	Signe	Conséquences
713 Variation des stocks	**Solde créditeur** Stock final > Stock initial	(+)	Augmentation des produits ⇒ Surstockage
	Solde débiteur Stock final < Stock initial	(–)	Diminution des produits ⇒ Consommation de stocks

Les variations des stocks relatives à la production viennent ***corriger*** la production vendue pour obtenir la ***production de l'exercice*** ; celle-ci entre dans la formation du résultat.

Production vendue
±
Variation des stocks (production stockée)
=
Production de l'exercice

♦ Application

La société Gral (voir données page 107) désire connaître la variation globale de chacun des stocks ainsi que son incidence sur le résultat de l'exercice N.

Compte 6031 :
100 500 – 88 450 ⇒ SD 12 050 ⇒ Augmentation des charges ⇒ Diminution du résultat

Compte 6037 :
14 350 – 19 600 ⇒ SC 5 250 ⇒ Diminution des charges ⇒ Diminution du résultat

Compte 7133 :
37 100 – 33 600 ⇒ SC 3 500 ⇒ Augmentation des produits ⇒ Augmentation du résultat

Compte 7135 :
140 600 – 175 200 ⇒ SD 34 600 ⇒ Diminution des produits ⇒ Diminution du résultat

Le calcul des amortissements

FICHE 26

1 ♦ LES RÈGLES APPLICABLES DEPUIS 2016

Dans le cadre de la transposition de la directive comptable unique, de nouvelles règles relatives notamment à l'amortissement des actifs immobilisés, incorporels et corporels ont été introduites dans le Plan comptable général par le règlement de l'Autorité des normes comptables 2015-06 du 23 novembre 2015. Elles sont applicables aux exercices ouverts depuis le 1er janvier 2016.

Le respect du principe de prudence, énoncé par le Plan comptable général, oblige l'entreprise à constater à chaque inventaire ***l'amortissement annuel des immobilisations amortissables*** afin de présenter une image fidèle de son patrimoine.

A – Définitions

D'après le PCG :

– ***une immobilisation amortissable*** est une immobilisation dont l'utilisation est ***limitée*** ;

– ***une immobilisation non amortissable*** est une immobilisation dont l'utilisation est ***non limitée***.

L'amortissement d'une immobilisation est défini comme la ***répartition systématique*** de son montant amortissable en fonction de son utilisation.

B – Notions

L'application de ces définitions implique de maîtriser les notions suivantes :

Durée d'utilisation limitée	L'utilisation d'une immobilisation est limitée lorsque ***l'usage attendu est limité dans le temps*** du fait de critères physique (usure), technique (obsolescence), juridique (durée de protection), économique (utilisation limitée par la durée du cycle de vie des produits générés par l'immobilisation). L'un de ces quatre critères est applicable soit à l'origine, soit en cours d'utilisation.
Durée d'utilisation non limitée	L'utilisation d'une immobilisation est non limitée lorsque l'usage attendu est non limité dans le temps du fait de critères physique (pas d'usure), technique (pas d'obsolescence), juridique (aucune expiration de protection), économique (utilisation non limitée par la durée du cycle de vie des produits générés par l'immobilisation). Ces critères doivent être applicables dès l'origine.

Mesure de l'utilisation	La mesure de l'utilisation se réfère à la ***durée réelle d'utilisation*** du bien dans l'entreprise. L'utilisation du bien se mesure par la ***consommation des avantages économiques attendus*** de l'actif. Elle peut être déterminée par une unité de mesure telle que : l'unité de temps (durée d'utilisation) ou l'unité d'œuvre (nombre de pièces produites…).
Valeur amortissable	Le montant amortissable d'un actif est sa ***valeur brute*** (coût d'entrée du bien) sous déduction, le cas échéant, de sa valeur résiduelle. La répartition de la valeur amortissable de l'immobilisation s'effectue selon ***le rythme de consommation des avantages économiques attendus*** de l'actif par l'entreprise.
Valeur résiduelle	La valeur résiduelle est le montant, déduction faite des coûts de sortie attendus, que l'entreprise obtiendrait de la cession de l'actif sur le marché à la fin de son utilisation : Valeur résiduelle = Prix de cession – Coûts de sortie Elle doit être déterminée ***lors de l'entrée*** de l'actif dans le patrimoine. Elle n'est prise en compte dans la valeur amortissable que si elle est à la fois ***significative et mesurable***.

Attention ! Un actif non amortissable à l'origine peut devenir amortissable lorsque sa durée d'utilisation passe de non limitée à limitée. Dans ce cas, d'après les nouvelles règles, l'entreprise doit réaliser un ***test de dépréciation*** puis l'actif, le cas échéant déprécié, est amorti sur la durée d'utilisation résiduelle. En pratique, ***seules les immobilisations incorporelles sont concernées***. Par exemple, lorsqu'une entreprise prend la décision de supprimer une marque à une échéance donnée.

C – Le cas particulier du fonds commercial

D'après les nouvelles règles prévues par le Plan comptable général, le fonds commercial est présumé avoir une durée de vie non limitée. ***Il est donc présumé non amortissable***. Dans ce cas il doit faire l'objet ***au moins une fois par an***, d'un test de dépréciation même s'il n'existe pas d'indice de perte de valeur (voir fiche 29).

Toutefois, ***cette présomption peut être réfutée*** (dans le cas par exemple où l'entreprise décide de cesser l'activité à laquelle le fonds commercial est rattaché). Le fonds commercial est alors amorti sur sa durée d'utilisation. Si cette dernière ne peut être estimée de manière fiable, il est amorti sur 10 ans.

Précisons que par mesure de simplification, les petites entreprises au sens comptable peuvent amortir leur fonds commercial sur 10 ans.

2 ♦ LE PLAN D'AMORTISSEMENT COMPTABLE

A – Le plan établi à l'origine

Le plan d'amortissement est établi pour chaque bien amortissable ***dès l'entrée du bien à l'actif***. Il sert à ***répartir la valeur amortissable*** du bien sur une période déterminée en fonction de son utilisation.

Pour les immobilisations décomposables (voir fiche 18), la structure et chacun des composants font l'objet d'un plan d'amortissement spécifique et sont amortis sur leur propre durée d'utilisation. Il existe donc plusieurs plans pour une seule immobilisation.

Le plan d'amortissement se présente sous la forme d'un tableau prévisionnel :

Dates	Base à amortir	Annuité	Amortissements cumulés	Valeur nette comptable
Date d'inventaire de chaque exercice compris dans la période d'amortissement	Coût d'entrée dans le patrimoine : Valeur brute ou Valeur d'origine (VO)	Amortissement annuel : Base amortissable x Taux d'amortissement	Somme des annuités	Valeur d'origine – Amortissements cumulés

En outre, pour évaluer ***la base amortissable*** et le montant ***des amortissements comptables***, il faut tenir compte des éléments suivants :

- **Le mode d'amortissement** : ***le mieux adapté*** au rythme de consommation des avantages économiques futurs, indépendamment des modes d'amortissement fiscalement admis. À défaut, le mode linéaire est retenu.
- **Les durées réelles** : d'utilisation, ***définies par l'entreprise***, indépendamment des durées d'usage fiscales, sauf pour les petites entreprises au sens comptable, sous conditions.
- **La valeur résiduelle** : pouvant ***modifier*** la base amortissable, le cas échéant.
- **Le point de départ** : de l'amortissement correspondant à la ***date de début de consommation des avantages économiques*** attendus (le plus souvent, la date de mise en service du bien).

B – La révision du plan d'amortissement

Le plan d'amortissement établi à l'origine peut être modifié, ultérieurement, à la suite de certains événements significatifs :

Événements	Conséquences
• Changements des conditions d'exploitation du bien • Changements techniques • Évolution du marché	***Modification de l'utilisation prévue***
• Dépenses ultérieures améliorant l'état ou le niveau de performance du bien • Renouvellement d'un composant pour une valeur différente de sa VO • Remplacement d'un élément d'une immobilisation non identifié à l'origine comme composant • Constatation d'une dépréciation de l'actif, lorsque la valeur actuelle de l'immobilisation est devenue inférieure à sa VNC (voir fiche 29)	***Modification de la base amortissable***

3 ♦ LES MODES D'AMORTISSEMENT

A – Les modes d'amortissement comptables

D'après les règles comptables, le mode d'amortissement est déterminé en fonction ***des caractéristiques propres*** de l'entreprise ; ***à défaut, le mode linéaire est utilisé*** en prenant en compte la durée réelle d'utilisation de l'immobilisation.

Selon le mode choisi, l'amortissement peut être ***variable ou constant***.

♦ Application

Le 25/9/N, la société Galès acquiert une machine-outil de 24 000 € HT mise en service le 1/10/N. Durée d'utilisation : 5 ans. La machine devrait permettre de fabriquer :

6 000 pièces en N
15 000 pièces en N + 1
20 000 pièces en N + 2
21 000 pièces en N + 3
18 000 pièces en N + 4

La valeur résiduelle de la machine est estimée à 4 000 €. La date d'inventaire est le 31/12.

Base amortissable : 24 000 – 4 000 = 20 000 €

Dates	Base à amortir	Annuités	Amortissements cumulés	VNC (VO – Amortissements)
31/12/N	20 000	(20 000 x 6 000) / 80 000 = 1 500	1 500	22 500
31/12/N + 1	20 000	(20 000 x 15 000) / 80 000 = 3 750	5 250	18 750
31/12/N + 2	20 000	(20 000 x 20 000) / 80 000 = 5 000	10 250	13 750
31/12/N + 3	20 000	(20 000 x 21 000) / 80 000 = 5 250	15 500	8 500
31/12/N + 4	20 000	(20 000 x 18 000) / 80 000 = 4 500	20 000	4 000

La VNC n'est pas nulle, elle correspond à la valeur résiduelle. Elle sera soldée lors de la sortie du patrimoine de la machine.

B – Les modes d'amortissement fiscaux

Le Code général des impôt (CGI) distingue deux modes d'amortissement : le ***mode linéaire*** et le ***mode dégressif*** qui prennent en compte les ***durées d'usage fiscales***.

Leurs modalités de calcul sont résumées dans le tableau suivant :

<table>
<tr><th>Éléments</th><th>Mode linéaire</th><th>Mode dégressif</th></tr>
<tr><td>Champ d'application</td><td>Mode de droit commun (minimal obligatoire) applicable à toutes les immobilisations amortissables, y compris les frais d'établissement (pour eux seuls, durée de 5 ans maximum).</td><td>Réservé à certains biens acquis neufs et dont la durée de vie est > 3 ans :
– biens d'équipement industriel ;
– immeubles à usage industriel de construction légère ;
– certaines installations ;
– machines de bureau ;
– matériel de transport d'une charge utile > 2t .</td></tr>
<tr><td>Taux d'amortissement</td><td>Taux constant déterminé en fonction de la durée d'usage fiscale :
$$T\ \% = \frac{100}{\text{Durée d'utilisation}}$$</td><td>Taux dégressif :
T % = Taux linéaire x Coefficient
Le coefficient est variable selon la durée d'usage du bien :
<table>
<tr><th rowspan="2">Durée</th><th colspan="3">Biens acquis</th></tr>
<tr><th>jusqu'au 31/12/2000</th><th>entre le 1/1/2001 et le 3/12/2008* et à partir du 1/1/2010</th><th>entre le 4/12/2008 et le 31/12/2009</th></tr>
<tr><td>3 ou 4 ans</td><td>1,5</td><td>1,25</td><td>1,75</td></tr>
<tr><td>5 ou 6 ans</td><td>2</td><td>1,75</td><td>2,25</td></tr>
<tr><td>+ de 6 ans</td><td>2,5</td><td>2,25</td><td>2,75</td></tr>
</table>
* Coefficients majorés de 0,25 pour les matériels et outillages acquis ou fabriqués à compter du 1/1/2004 affectés à des opérations de recherches scientifiques et techniques.</td></tr>
<tr><td>Base de calcul de l'amortissement</td><td>Base de calcul constante égale à la valeur d'origine :
– pour les biens acquis à titre onéreux :
VO = Coût d'acquisition HT
– pour les biens créés par l'entreprise :
VO = Coût de production</td><td>Base de calcul dégressive égale :
– à la valeur d'origine pour la première annuité ;
– à la valeur nette comptable (VNC) du bien à la clôture de l'exercice précédent pour les autres annuités.</td></tr>
<tr><td>Point de départ de l'amortissement</td><td>Date de mise en service
de l'immobilisation</td><td>Premier jour du mois d'acquisition</td></tr>
<tr><td>Calcul de l'annuité</td><td>Annuité constante : VO x t %
Sauf :
– la première annuité dont le montant est réduit prorata temporis pour les biens acquis en cours d'exercice. Le temps est décompté en jours (360 j par an, 30 j par mois) ;
– la dernière annuité qui est le complément de la première annuité.</td><td>Annuité dégressive :
– première annuité : VO x t %
– autres annuités : VNC x t %
Pour les biens acquis en cours d'exercice, le montant de la première annuité est réduit prorata temporis.
Le temps est décompté en mois ; la dernière annuité n'est pas le complément de la première.</td></tr>
</table>

Éléments	Mode linéaire	Mode dégressif
Durée de l'amortissement	Amortissement étalé sur la ***durée d'usage fiscale du bien plus un exercice*** pour les biens acquis en cours d'exercice.	Amortissement effectué sur la ***durée d'usage fiscale du bien.*** Pour que la valeur nette comptable soit ***nulle*** à la fin de la dernière année, il faut appliquer la règle suivante : – si : $\text{Taux dégressif} \leq \frac{100}{\text{Nombre d'années restant à courir}}$ – alors : $\text{Annuités restantes} = \frac{\text{VNC}}{\text{Nombre d'années restant à courir}}$ Ces annuités deviennent linéaires.

La structure et les composants d'une immobilisation décomposable peuvent bénéficier du mode dégressif. Dans ce cas, le coefficient dégressif est calculé d'après la durée d'usage pour la structure et d'après la durée réelle pour les composants.

C – Le traitement des avantages des modes d'amortissement fiscaux

Les deux modes d'amortissement fiscaux présentent, le plus souvent, des avantages fiscaux par rapport aux modes d'amortissement comptables pratiqués.

Pour en bénéficier, l'entreprise doit pour chaque bien concerné :

Calculer

- ***Les amortissements comptables*** obligatoires.
- ***Les amortissements fiscaux*** admis.
- ***Les amortissements dérogatoires*** pour tenir compte de la différence entre les règles comptables et les règles fiscales portant sur la base amortissable, la durée d'utilisation et le mode d'amortissement.

Il est alors nécessaire d'établir : un plan d'amortissement comptable, un plan d'amortissement fiscal et un tableau comparatif des annuités fiscales et comptables afin de calculer l'amortissement dérogatoire :

Annuité fiscale – Annuité comptable = Amortissement dérogatoire

Si
- Annuité fiscale > Annuité comptable ⇒ Augmentation de l'amortissement dérogatoire
- Annuité fiscale < Annuité comptable ⇒ Diminution de l'amortissement dérogatoire

Les petites entreprises au sens comptable qui ne dépassent pas deux des trois seuils suivants : total du bilan : 4 000 000 € ; CA : 8 000 000 € ; nombre de salariés : 50, ***bénéficient d'une mesure de simplification*** qui les autorise à conserver dans les comptes individuels les durées d'usage. Cette mesure leur évite de calculer les amortissements dérogatoires portant sur la durée d'utilisation.

♦ Application

La société Leduc acquiert le 10/4/N un matériel de bureau pour 30 000 € mis en service le 15/4.
La société décide de l'amortir sur 5 ans, en mode linéaire. Cependant, elle souhaite bénéficier de l'amortissement dégressif fiscal sur une durée d'usage de 4 ans. Date d'inventaire le 31/12.

• Plan d'amortissement comptable
– annuité constante : 30 000 / 5 = 6 000 €
– première annuité pour 8,5 mois : 6 000 x 8,5 / 12 = 4 250 €

Date	Base à amortir	Annuités	Amortissements cumulés	VNC
31/12/N	30 000	4 250	4 250	25 750
31/12/N + 1	30 000	6 000	10 250	19 750
31/12/N + 2	30 000	6 000	16 250	13 750
31/12/N + 3	30 000	6 000	22 250	7 750
31/12/N + 4	30 000	6 000	28 250	1 750
31/12/N + 5	30 000	1 750	30 000	0

• Plan d'amortissement fiscal
– taux dégressif : (100 / 4) x 1,25 = 31,25 %
– première annuité pour 9 mois : 30 000 x 31,25 % x 9 / 12 = 7 031,25 €

Date	Base à amortir	Annuités	Amortissements cumulés	VNC
31/12/N	30 000,00	7 031,25	7 031,25	22 968,75
31/12/N + 1	22 968,75	7 656,25 *	14 687,50	15 312,50
31/12/N + 2	15 312,50	7 656,25	22 343,75	7 656,25
31/12/N + 3	7 656,25	7 656,25	30 000,00	0

* 31,25 % < 100/3 donc les annuités restantes sont égales à 22 968,75/3 = 7 656,25

• Amortissement dérogatoire

Date	Annuité fiscale	Annuité comptable	Annuité dérogatoire
31/12/N	7 031,25	4 250,00	2 781,25
31/12/N + 1	7 656,25	6 000,00	1 656,25
31/12/N + 2	7 656,25	6 000,00	1 656,25
31/12/N + 3	7 656,25	6 000,00	1 656,25
31/12/N + 4		6 000,00	– 6 000,00
31/12/N + 5		1 750,00	– 1 750,00
	30 000,00	30 000,00	0

4 ♦ LES AMORTISSEMENTS EXCEPTIONNELS FISCAUX

Les amortissements exceptionnels fiscaux sont constitués en application de ***textes particuliers*** en vue de ***favoriser certains investissements*** :

– logiciels acquis jusqu'au 31 décembre 2016 ;

– immeubles construits dans certaines zones ;

– sites internet acquis jusqu'au 31 décembre 2016 ;

– robots industriels acquis ou créés par une PME entre le 1/10/2013 et le 31/12/2016 ;

– imprimantes 3D acquises ou créées par une PME entre le 1/10/2015 et le 31/12/2017.

Ils prennent la forme soit d'un amortissement accéléré, soit d'un amortissement sur 12 mois ou encore sur 24 mois pour les robots industriels et les imprimantes 3D.

L'objectif est de procurer aux entreprises ***une économie d'impôt*** en majorant l'annuité fiscalement déductible. La différence entre l'amortissement comptable et l'amortissement exceptionnel fiscal est constatée en ***amortissement dérogatoire***.

Les éléments de calcul sont présentés dans le plan d'amortissement suivant :

Date	Annuité d'amortissement fiscale	Annuité d'amortissement comptable	Amortissement dérogatoire	
			+	–

Attention ! L'amortissement exceptionnel fiscal d'un logiciel s'effectue sur 12 mois à partir du premier jour du mois d'achat ; celui d'un robot industriel ou d'une imprimante 3D s'effectue sur 24 mois à partir de la date de mise en service. L'amortissement exceptionnel fiscal relatif aux logiciels et aux sites Internet est supprimé pour ceux acquis à partir du 1er janvier 2017.

♦ Application

La société Franchi acquiert le 1/10/N une imprimante 3D pour 8 000 € HT.
Sa durée d'utilisation est de 4 ans. Le mode d'amortissement retenu est le mode linéaire.
Ce bien bénéficie d'un amortissement fiscal de 100 % sur 24 mois. Date d'inventaire le 31/12.

Taux linéaire : 100 / 4 = 25 %
Annuité constante : 8 000 x 25 % = 2 000 €
Première annuité linéaire : 2 000 x 3 / 12 = 500 €
Première annuité fiscale : (8 000 / 2) x 3 / 12 = 1 000 €

Date	Annuité d'amortissement fiscale	Annuité d'amortissement comptable	Amortissement dérogatoire	
			+	–
31/12/N	1 000	500	500	
31/12/N + 1	4 000	2 000	2 000	
31/12/N + 2	3 000	2 000	1 000	
31/12/N + 3		2 000		2 000
31/12/N + 4		1 500		1 500
	8 000	8 000	3 500	3 500

5 ♦ LA DÉDUCTION FISCALE EXCEPTIONNELLE EN FAVEUR DE L'INVESTISSEMENT

A – Les biens concernés

Les entreprises soumises à un régime réel d'imposition (BIC, IS, bénéfices agricoles) ***qui ont acquis ou fabriqué entre le 15 avril 2015 et le 14 avril 2017 des biens productifs éligibles à l'amortissement dégressif*** bénéficient d'une déduction fiscale exceptionnelle appelée aussi ***suramortissement***, en plus de l'amortissement habituel.

Précisons qu'elle s'applique également aux biens d'équipement éligibles pris en crédit-bail ou en location avec option d'achat (LOA) entre les mêmes dates.

Le dispositif a été étendu aux biens suivants quelles que soient leurs modalités d'amortissement et qu'ils soient acquis, fabriqués ou pris en crédit-bail ou en location avec option d'achat :

- ***aux remontées mécaniques et équipements assimilés*** : avantage applicable du 15 avril 2015 au 14 avril 2017 ;
- ***aux réseaux de communication en fibres optiques*** : avantage applicable du 1er janvier 2016 au 14 avril 2017 ;
- ***aux véhicules de 3,5 tonnes roulant au gaz naturel*** : avantage applicable du 1er janvier 2016 au 31 décembre 2017 ;
- ***aux logiciels qui contribuent à des opérations industrielles de fabrication et de transformation*** : avantage applicable du 15 avril 2015 au 14 avril 2017 ;
- ***aux appareils informatiques utilisés au sein d'une baie informatique*** : avantage applicable du 12 avril 2016 au 31 décembre 2017.

Cette mesure s'applique également aux biens éligibles, ***commandés avant le 15 avril 2017*** à condition de verser avant cette date au moins 10 % d'acompte et d'acquérir définitivement le bien dans les deux ans après la commande.

B – Les modalités d'application

La déduction exceptionnelle est égale à ***40 % de la valeur d'origine*** (hors charges financières) des biens éligibles. Elle est répartie linéairement sur la durée normale d'utilisation du bien.

La date à retenir comme point de départ est le premier jour du mois d'acquisition ou de construction.

La déduction exceptionnelle ne doit pas être comptabilisée ; de ce fait, elle n'est pas déductible du résultat comptable. En revanche, elle fait l'objet d'une déduction extra-comptable afin de réduire le résultat imposable.

La déduction exceptionnelle doit être distinguée de l'amortissement proprement dit. Ainsi, elle n'impacte pas la valeur nette comptable des biens concernés.

♦ Application

Une société exploitant un complexe hôtelier situé sur un terrain escarpé a acquis le 1/10/2016 un funiculaire d'un montant de 270 000 € pour favoriser l'accès des résidents aux installations de loisirs.
La durée normale d'utilisation est de 10 ans.

La déduction fiscale exceptionnelle est évaluée à :

270 000 x 40 % = 108 000 €

Elle est répartie comme suit :

– en 2016 :	(108 000 / 10) 3/12	=	2 700 €
– de 2017 à 2025 :	108 000 / 10	=	10 800 € par an
– en 2026 :	(108 000 / 10) 9/12	=	8 100 €

La comptabilisation des amortissements

FICHE 27

1 ♦ PRINCIPE

Les entreprises, autres que les PME concernées par la mesure de simplification, qui souhaitent bénéficier des ***avantages fiscaux*** présentés fiche 26 doivent ***comptabiliser l'amortissement fiscal*** en distinguant :

Amortissement fiscal		
	Amortissement comptable ⇒	***Amortissement économique*** traduisant le rythme d'étalement du coût du bien.
	Amortissement dérogatoire ⇒	*Quote-part* d'amortissement correspondant à l'avantage fiscal obtenu par rapport à l'amortissement comptable.

Les petites entreprises au sens comptable qui appliquent les durées fiscales pour leurs immobilisations non décomposables ne comptabilisent que l'amortissement comptable.

2 ♦ L'AMORTISSEMENT COMPTABLE

À chaque inventaire, ***l'annuité*** d'amortissement comptable correspondant au plan d'amortissement doit être comptabilisée. Elle constitue à la fois ***une charge d'exploitation non décaissable*** et un ***amoindrissement de la valeur du bien***.

Annuité comptable	
À débiter	: 6811 Dotations aux amortissements sur immobilisations incorporelles et corporelles
À créditer	: 28.. Amortissements des immobilisations …

Attention ! Un bien totalement amorti continue de figurer au bilan tant qu'il est utilisé par l'entreprise.

3 ♦ L'AMORTISSEMENT DÉROGATOIRE

Les amortissements dérogatoires, qui ne correspondent pas à l'objet normal d'un amortissement, constituent un élément des capitaux propres et sont ***assimilés à des provisions réglementées***.

Le traitement comptable de l'amortissement dérogatoire diffère selon que l'amortissement fiscal ***excède ou non*** l'amortissement comptable.

A – L'annuité fiscale est supérieure à l'annuité comptable

À l'inventaire, l'amortissement dérogatoire est constaté en ***charge exceptionnelle non décaissable***.

Dotation complémentaire	
Annuité fiscale – Annuité comptable = Amortissement dérogatoire (+)	
À débiter	: 6872 Dotations aux provisions réglementées (immobilisations)
À créditer	: 145 Amortissements dérogatoires

B – L'annuité fiscale est inférieure à l'annuité comptable

À l'inventaire, l'amortissement dérogatoire est ***réintégré*** dans le résultat de l'exercice. Cette réintégration est constatée en ***produit exceptionnel non encaissable***.

Reprise d'amortissement dérogatoire	
Annuité fiscale – Annuité comptable = Amortissement dérogatoire (–)	
À débiter	: 145 Amortissements dérogatoires
À créditer	: 7872 Reprises sur provisions réglementées (immobilisations)

♦ Application

La société Leduc désire connaître, à partir du tableau suivant relatif à un matériel de bureau acquis 30 000 €, les écritures d'inventaire à comptabiliser au 31/12/N et au 31/12/N + 4 ainsi que les montants portés au bilan au 31/12/N + 4 :

Date	Annuité fiscale	Annuité comptable	Annuité dérogatoire
31/12/N	7 031,25	4 250,00	2 781,25
31/12/N + 1	7 656,25	6 000,00	1 656,25
31/12/N + 2	7 656,25	6 000,00	1 656,25
31/12/N + 3	7 656,25	6 000,00	1 656,25
31/12/N + 4		6 000,00	– 6 000,00
31/12/N + 5		1 750,00	– 1 750,00
	30 000,00	30 000,00	0

- À l'inventaire N
  Il y a lieu de constater un amortissement comptable pour 4 250 € et un amortissement dérogatoire de 2 781,25 €.

Compte	Libellé	Débit	Crédit
	31/12/N		
6811	Dotations aux amortissements sur immobilisations incorporelles et corporelles	4 250,00	
28183	Amortissements du matériel de bureau et matériel informatique		4 250,00
	Plan d'amortissement n° …		
	31/12/N		
6872	Dotations aux provisions réglementées (immobilisations)	2 781,25	
145	Amortissements dérogatoires		2 781,25
	Plan d'amortissement n° …		

- À l'inventaire N + 4
  Il y a lieu de constater un amortissement comptable pour 6 000 € et une diminution d'amortissement dérogatoire de 6 000 €.

Compte	Libellé	Débit	Crédit
	31/12/N + 2		
6811	Dotations aux amortissements sur immobilisations incorporelles et corporelles	6 000,00	
28183	Amortissements du matériel de bureau et matériel informatique		6 000,00
	Plan d'amortissement n° …		
	31/12/N + 2		
145	Amortissements dérogatoires	6 000,00	
7872	Reprises sur provisions réglementées (immobilisations)		6 000,00
	Plan d'amortissement n° …		

- Montants portés au bilan au 31/12/N + 4

Solde créditeur du compte 28183

	D 28183	C	
		4 250,00	
		6 000,00	
		6 000,00	
		6 000,00	
SC	28 250,00	28 250,00	TC

Solde créditeur du compte 145

	D 145	C	
	6 000,00	2 781,25	
		1 656,25	
		1 656,25	
		1 656,25	
TD	6 000,00	8 412,11	TC
SC	1 750,00		

Présentation schématique du bilan

Actif	Valeur brute	Amortissement à déduire	Net	Passif	Exercice N
Matériel de bureau	30 000	28 250	1 750	Provisions réglementées	1 750

4 ♦ LES AMORTISSEMENTS DES IMMOBILISATIONS DÉCOMPOSABLES

A – Principe

La comptabilisation des amortissements comptables et dérogatoires des immobilisations décomposables s'effectue en appliquant les règles énoncées précédemment.

Attention ! Les petites entreprises au sens comptable ne bénéficient d'aucune mesure de simplification en ce qui concerne les immobilisations décomposables.

♦ Application

La société Werlin met en service le 1/1/N une machine-outil de 45 000 € décomposée en 2 éléments :
– la structure dont la durée d'utilisation est de 6 ans et le mode d'amortissement linéaire ;
– le moteur d'un montant de 18 000 €, éligible au mode linéaire, et dont le remplacement est prévu au bout de 3 ans.
Date d'inventaire : 31/12.

- Première annuité de la structure
  Base amortissable : 45 000 – 18 000 = 27 000 €
  Annuité comptable : 27 000 / 6 = 4 500 €
- Première annuité du composant moteur
  18 000 / 3 = 6 000 €

		31/12/N		
6811		Dotations aux amortissements sur immobilisations incorporelles et corporelles	10 500,00	
	2815.1	Amortissements des installations techniques, matériel et outillage industriels – Structure		4 500,00
	2815.2	Amortissements des installations techniques, matériel et outillage industriels – Moteur		6 000,00
		Plan d'amortissement n° …		

B – Le remplacement d'un composant

Le renouvellement d'un composant dont le coût est supérieur à celui d'origine modifie à la fois le plan d'amortissement du composant et la valeur brute globale de l'immobilisation.

Le traitement comptable nécessite deux étapes :

Étape 1	Entrée du nouveau composant dans le patrimoine
À débiter	: 21…1 Immobilisations corporelles – Composant *(coût du remplacement HT)* : 44562 TVA sur immobilisations
À créditer	: 404 Fournisseurs d'immobilisations ou 5.. Compte de trésorerie concerné *(coût du remplacement TTC)*

Étape 2 — Annulation des amortissements du composant remplacé Amortissements cumulés = Valeur brute	
À débiter	: 28...1 Amortissements – Composant *(total des amortissements cumulés)*
À créditer	: 21...1 Immobilisations corporelles – Composant *(valeur brute)*

Si le composant est ***remplacé avant la durée d'utilisation prévue, sa VNC n'est pas nulle***. Il faut alors constater la VNC en charge exceptionnelle :

Sortie du composant de l'actif pour sa VNC	
À débiter	: 675 Valeurs comptables des éléments d'actif cédés
À créditer	: 21...1 Immobilisations corporelles – Composant *(valeur nette comptable)*

♦ Application

La société Werlin remplace fin N + 2 le moteur de la machine-outil pour 21 000 € HT, TVA 20 %.

	31/12/N + 2		
215.2	Installations techniques, matériel et outillage industriels – Moteur	21 000,00	
44562	TVA sur immobilisations	4 200,00	
404	Fournisseurs d'immobilisations		25 200,00
	FA n° …		
	31/12/N + 2		
6811	Dotations aux amortissements sur immobilisations incorporelles et corporelles	6 000,00	
2815.2	Amortissements des installations techniques, matériel et outillage industriels – Moteur		6 000,00
	Plan d'amortissement n° … du moteur remplacé		
	31/12/N + 2		
2815.2	Amortissements des installations techniques, matériel et outillage industriels – Moteur	18 000,00	
215.2	Installations techniques, matériel et outillage industriels – Moteur		18 000,00
	Solde des amortissements et du moteur remplacé		

Au 31/12/N + 2, la valeur globale de l'immobilisation est de :

27 000 + 21 000 = 48 000 €

5 ♦ LES AMORTISSEMENTS EXCEPTIONNELS FISCAUX

Le traitement comptable des amortissements exceptionnels fiscaux est ***identique*** à celui des amortissements fiscaux.

L'échelonnement des subventions d'investissement

FICHE 28

1 ♦ PRINCIPE

Lorsque l'entreprise ***opte pour le régime d'étalement*** de l'enrichissement procuré par la subvention d'investissement, cette dernière est comptabilisée, lors de son octroi, dans une subdivision du compte « ***13 Subventions d'investissement*** » ; puis à l'inventaire, elle est ***rapportée au résultat, sur plusieurs exercices, au fur et à mesure*** qu'elle remplit son objet.

Le régime d'étalement diffère suivant que la subvention finance une immobilisation amortissable ou non :

<table>
<tr><th colspan="2">Régime d'étalement</th></tr>
<tr><td rowspan="4">Subvention finançant une immobilisation non amortissable</td><td>Avec clause d'inaliénabilité</td></tr>
<tr><td>Répartition par fractions égales en fonction du nombre d'années pendant lesquelles l'immobilisation est inaliénable aux termes du contrat.</td></tr>
<tr><td>À défaut de clause d'inaliénabilité</td></tr>
<tr><td>Répartition par fractions égales au 1/10e du montant de la subvention.</td></tr>
<tr><td>Subvention finançant une immobilisation amortissable</td><td>Reprise sur la même durée et au même rythme que l'amortissement relatif à l'immobilisation concernée :

Fraction rapportée au résultat
=
Dotations aux amortissements x Pourcentage de la subvention

Pour les immobilisations décomposées, c'est le rythme réel d'amortissement de la structure et de chacun des composants qui est appliqué.</td></tr>
</table>

♦ Application

La société Deule met en service le 1/10/N un matériel de 28 000 €, amorti en mode linéaire sur 4 ans et subventionné à 40 %.

Montant de la subvention : 28 000 x 40 % = 11 200 €
Taux linéaire : 100 / 4 = 25 %
Première annuité : 28 000 x 25 % x 3/12 = 1 750 €

Date	Annuité comptable	Fraction de la subvention rapportée au résultat
N	1 750	1 750 x 40 % = 700
N + 1	7 000	7 000 x 40 % = 2 800
N + 2	7 000	7 000 x 40 % = 2 800
N + 3	7 000	7 000 x 40 % = 2 800
N + 4	5 250	5 250 x 40 % = 2 100
	28 000	11 200

2 ♦ LA COMPTABILISATION

A – La fraction de subvention virée au compte de résultat

À l'inventaire de chaque exercice concerné, le montant de la fraction de subvention rapportée au résultat constitue ***un produit exceptionnel*** et vient ***amoindrir le montant de la subvention*** inscrit dans les capitaux propres.

Reprise de la subvention
À débiter : 139 Subventions d'investissement inscrites au compte de résultat
À créditer : 777 Quote-part des subventions d'investissement virée au résultat de l'exercice

Attention ! Seul le montant net de la subvention non encore inscrite au compte de résultat figure au bilan. Il est obtenu par différence entre le solde créditeur du compte 131 et le solde débiteur du compte 139.

B – Le solde des comptes de subventions

Lorsque la dernière fraction de la subvention a été rapportée au résultat, les soldes des comptes 131 et 139 sont égaux. ***Il faut alors les solder l'un par l'autre***.

Virement pour solde des comptes de subventions
À débiter : 131 Subventions d'équipement
À créditer : 139 Subventions d'investissement inscrites au compte de résultat

♦ Application

La société Deule désire connaître à partir du tableau suivant, relatif à un matériel acquis 28 000 € et subventionné pour 11 200 €, les écritures d'inventaire à comptabiliser au 31/12/N et au 31/12/N + 4 ainsi que le montant de la subvention porté au bilan au 31/12/N.

Date	Annuité comptable	Fraction de la subvention rapportée au résultat
N	1 750	1 750 x 40 % = 700
N + 1	7 000	7 000 x 40 % = 2 800
N + 2	7 000	7 000 x 40 % = 2 800
N + 3	7 000	7 000 x 40 % = 2 800
N + 4	5 250	5 250 x 40 % = 2 100
	28 000	11 200

- À l'inventaire N
  Il y a lieu de constater l'annuité d'amortissement pour 1 750 € et la reprise de la subvention pour 700 €.

Compte	Libellé	Débit	Crédit
	31/12/N		
6811	Dotations aux amortissements sur immobilisations incorporelles et corporelles	1 750,00	
2815	Amortissements des installations techniques, matériel et outillage industriels		1 750,00
	Plan d'amortissement n° …		
	31/12/N		
139	Subventions d'investissement inscrites au compte de résultat	700,00	
777	Quote-part des subventions d'investissement virée au résultat de l'exercice		700,00
	Reprise de la subvention, tableau n° …		

- À l'inventaire N + 4
  Il y a lieu de constater la dernière annuité d'amortissement pour 5 250 €, la dernière reprise de la subvention pour 2 100 € et de solder les comptes de subventions pour 11 200 €.

Compte	Libellé	Débit	Crédit
	31/12/N + 4		
6811	Dotations aux amortissements sur immobilisations incorporelles et corporelles	5 250,00	
2815	Amortissements des installations techniques, matériel et outillage industriels		5 250,00
	Plan d'amortissement n° …		
	31/12/N + 4		
139	Subventions d'investissement inscrites au compte de résultat	2 100,00	
777	Quote-part des subventions d'investissement virée au résultat de l'exercice		2 100,00
	Reprise de la subvention, tableau n° …		
	31/12/N + 4		
131	Subventions d'équipement	11 200,00	
139	Subventions d'investissement inscrites au compte de résultat		11 200,00
	Pour solde		

- Montant net de la subvention porté au bilan au 31/12/N

SC du compte 131	–	SC du compte 139	
11 200	–	700	= 10 500 €

Les dépréciations des immobilisations incorporelles et corporelles

FICHE 29

1 ♦ LA DÉMARCHE

La dépréciation d'une immobilisation incorporelle ou corporelle est la constatation que sa valeur actuelle (VA) est devenue ***inférieure*** à sa valeur nette comptable (VNC). Elle n'a pas un caractère définitif. La détermination de la dépréciation nécessite trois étapes :

1 – Recherche d'un indice de perte de valeur

Apprécier l'existence d'un indice interne ou externe prouvant que l'actif a perdu sensiblement de sa valeur

2 – Réalisation d'un test de dépréciation

Si un indice de perte existe, ***comparer*** la valeur actuelle à la valeur nette comptable élément par élément

3 – Constatation de la dépréciation

Si la valeur actuelle est inférieure à la VNC, ***calculer*** la dépréciation :

Dépréciation = VNC – VA

Dans le cadre de la transposition de la directive comptable unique, le règlement 2015-06 de l'Autorité des normes comptables à introduit dans le Plan comptable général les deux nouvelles règles suivantes :

- ***pour les fonds commerciaux dont la durée d'utilisation est non limitée***, le test de dépréciation est réalisé au moins une fois par exercice qu'il existe ou non un indice de perte de valeur ;
- ***s'il est impossible de déterminer la valeur actuelle de l'actif pris isolément***, il convient de déterminer la valeur actuelle du ***groupe d'actifs*** auquel il appartient. Il est précisé que les actifs ou groupes d'actifs sont déterminés en fonction du mode de gestion et de suivi des activités de l'entreprise (par ligne de produits, secteur d'activité, implantation géographique).

Attention ! Précisons que pour le fonds commercial ***dont la durée est limitée et faisant l'objet d'un amortissement***, le test de dépréciation est effectuée uniquement si l'indice de perte existe, comme précédemment.

2 ♦ DÉFINITION DES VALEURS

Les modalités d'évaluation de la dépréciation nécessitent la connaissance des définitions des valeurs suivantes :

Valeur actuelle VA	Valeur la plus élevée de la valeur vénale (VV) ou de la valeur d'usage (VU).
Valeur vénale VV	Montant qui pourrait être obtenu, à la date de clôture, de la vente d'un actif lors d'une transaction conclue à des conditions normales de marché, net des coûts de sortie.
Valeur d'usage VU	Valeur des avantages économiques futurs attendus de l'utilisation et de la sortie de l'immobilisation. Elle est calculée à partir des estimations de ces avantages économiques futurs attendus. Dans la plupart des cas, elle est déterminée en fonction des flux nets de trésorerie actualisés attendus. D'après l'ANC, les flux nets de trésorerie doivent être estimés à partir d'un plan prévisionnel pluriannuel sur une période de 5 ans maximum et actualisés. Le taux d'actualisation doit refléter la valeur temps de l'argent et les risques spécifiques à l'actif dans la perspective d'utilisation d'un actif. Au delà de cette période, les flux sont estimés par l'extrapolation des données budgétaires. $\text{Flux nets de trésorerie actualisés} = \dfrac{\text{Flux nets de trésorerie estimés non actualisés}}{(1 + \text{Taux d'actualisation})^n}$ Valeur d'usage = Somme des flux nets de trésorerie actualisés

♦ Application

Une ligne de production alimentaire composée de 4 machines automatisées constitue un groupe d'actifs.
Un test de dépréciation est effectué à la suite de la constatation d'un indice de perte externe.
Les flux nets de trésorerie attendus pour ce groupe d'actifs, d'après les prévisions budgétaires, sont les suivantes :
– N + 1 : 800 K€
– N + 2 : 800 K€
– N + 3 : 500 K€

Année	Flux nets de trésorerie estimés	Flux nets de trésorerie actualisés
N + 1	800	769
N + 2	800	740
N + 3	500	444
Total	2 100	1 953

La valeur d'usage du groupe d'actifs est égale à 1 953 K€

3 ♦ LA MÉTHODE D'ÉVALUATION DE LA DÉPRÉCIATION

Pour calculer la dépréciation d'une immobilisation, il est conseillé de suivre la démarche suivante :

Si VV > VNC ⇒ Pas de dépréciation

Si VV < VNC ⇒ Calculer la VU pour la comparer à la VV afin de déterminer la VA la plus élevée des deux :

Si VA > VNC ⇒ **Pas de dépréciation**
Si VA < VNC ⇒ **Dépréciation**

Dépréciation = Valeur nette comptable – Valeur actuelle

♦ Application

À l'issue d'un test de dépréciation, un terrain a une VNC de 90 000 €, une VV de 75 000 € et une VU de 69 000 € au 31/12/N.

VV < VNC : 75 000 < 90 000
VV > VU : 75 000 > 69 000
VA = VV : 75 000
VA < VNC : 75 000 < 90 000 ⇒ Dépréciation
VNC – VA : 90 000 – 75 000 = 15 000 €

4 ♦ LA COMPTABILISATION DE LA CONSTITUTION DE LA DÉPRÉCIATION

La dépréciation constitue une ***charge d'exploitation calculée*** et une ***diminution de la valeur*** du bien concerné. Le traitement comptable est le suivant :

Constitution de la dépréciation à l'inventaire N
À débiter : 6816 Dotations aux dépréciations des immobilisations incorporelles et corporelles
À créditer : 290 Dépréciations des immobilisations incorporelles ou 291 Dépréciations des immobilisations corporelles

5 ♦ L'AJUSTEMENT DES DÉPRÉCIATIONS SUR LES EXERCICES N + 1 ET N + …

Tant que l'immobilisation continue d'être utilisée, il faut à chaque inventaire analyser l'évolution de l'indice de perte et estimer la nouvelle VA afin d'ajuster la dépréciation en conséquence.

Ajustement = Nouvelle dépréciation – Ancienne dépréciation

L'ajustement traduit soit une augmentation, soit une diminution ou une annulation des dépréciations. Le traitement comptable, selon la situation, est le suivant :

Augmentation de l'indice de perte Nouvelle dépréciation > Ancienne dépréciation
L'écriture est identique à celle relative à la constitution de la dépréciation.

Diminution ou disparition de l'indice de perte Nouvelle dépréciation < Ancienne dépréciation
À débiter : 290 Dépréciation des immobilisations incorporelles ou 291 Dépréciations des immobilisations corporelles ***À créditer*** : 7816 Reprises sur dépréciations des immobilisations incorporelles et corporelles

Attention ! Par exception, pour les exercices ouverts depuis le 1/12016, les dépréciations relatives au fonds commercial ne sont jamais reprises. Elles sont donc définitives.

♦ Application

À la suite du test de dépréciation effectué à la clôture de l'exercice N, la VA du terrain est évaluée à 75 000 € alors que sa VNC est de 90 000 €. Lors de l'exercice suivant, l'indice de perte n'existe plus.

		31/12/N		
6816		Dotations aux dépréciations des immobilisations incorporelles et corporelles	15 000,00	
	2911	Dépréciations du terrain		15 000,00
		D'après test de dépréciation (90 000 – 75 000)		
		31/12/N + 1		
2911		Dépréciations du terrain	15 000,00	
	7816	Reprises sur dépréciations des immobilisations incorporelles et corporelles		15 000,00
		Annulation de la dépréciation		

6 ♦ L'INCIDENCE DES DÉPRÉCIATIONS SUR LES IMMOBILISATIONS AMORTISSABLES

A – La dépréciation et les plans d'amortissement

La constatation d'une dépréciation sur un actif amortissable ***modifie la base amortissable*** pour l'exercice suivant et nécessite la ***révision*** du plan d'amortissement :

Nouvelle base à amortir pour l'exercice suivant = Valeur nette comptable avant dépréciation – Dépréciation

Les ajustements ultérieurs de la dépréciation modifieront à nouveau la base amortissable et le plan d'amortissement de l'immobilisation.

Cependant, le montant de la reprise des dépréciations est ***limité*** :

Valeur nette comptable + Reprises ≤ Valeur nette comptable sans dépréciation (Valeur brute – Amortissements cumulés)

L'application de ces règles nécessite l'élaboration de deux plans d'amortissement :

- l'un qui ne tient pas compte des dépréciations et de leurs ajustements (base amortissable correspondant à la valeur d'origine diminuée de la valeur résiduelle, le cas échéant) ;
- l'autre qui intègre les dépréciations et leurs ajustements (modification de la base amortissable).

♦ Application

Le plan d'amortissement initial d'un matériel amorti en linéaire sur 4 ans est le suivant :

Date	*Base à amortir*	*Annuités*	*Amortissements cumulés*	*VNC*
N	*4 000*	*1 000*	*1 000*	*3 000*
N + 1	*4 000*	*1 000*	*2 000*	*2 000*
N + 2	*4 000*	*1 000*	*3 000*	*1 000*
N + 3	*4 000*	*1 000*	*4 000*	*0*

À la fin de l'exercice N + 1, il y a lieu de constater une dépréciation de 1 400 €.
À la fin de l'exercice N + 2, le test dépréciation permet de déterminer une reprise de 900 €.

VNC au 31/12/N + 1 avant la dépréciation		2 000
Dépréciation	–	1 400
Nouvelle base amortissable	=	600
Annuité N + 2 : 600/2	–	300
VNC au 31/12/N + 2 avant la reprise	=	300
Reprise	+	900
Valeur actuelle	=	1 200

On constate que : 1 200 > 1 000
En conséquence, la reprise doit être limitée à : 1 000 – 300 = 700 €

Plan d'amortissement révisé

Date	Base à amortir	Annuités	Amortissements cumulés	Dépréciations		VNC
				Dotations	Reprises	
N	4 000	1 000	1 000			3 000
N + 1	4 000	1 000	2 000	1 400		600
N + 2	600	300	2 300		700	1 000
N + 3	1 000	1 000	3 300			0

Au 31/12/N + 3, on constate des amortissements cumulés pour 3 300 €, une dépréciation pour 700 € (1 400 – 700) et donc une VNC nulle.

B – La comptabilisation du transfert de la dépréciation en amortissement

Pour éviter un retard de déductibilité fiscale de la dépréciation, il est autorisé de transférer en compte d'amortissement exceptionnel une quote-part de la dépréciation à la clôture de chaque exercice et sur la durée d'utilisation restant à courir du bien.

Le transfert de la quote-part de la dépréciation nécessite deux étapes :

Transfert de la dépréciation en amortissement exceptionnel	
Montant du transfert = Dotations aux amortissements calculées sur la nouvelle base amortissable – Dotations aux amortissements qui auraient été comptabilisées en l'absence de dépréciation	
Constatation de la reprise de la dépréciation pour le montant du transfert	*À débiter* : 291 Dépréciations des immobilisations corporelles *À créditer* : 7816 Reprises sur dépréciations exceptionnelles
Constatation de la dotation aux amortissements pour le montant du transfert	*À débiter* : 6871 Dotations aux amortissements exceptionnels des immobilisations *À créditer* : 28. Amortissements des immobilisations

♦ Application

Un matériel de bureau acquis le 1/1/N pour 2 000 € est amortissable en mode linéaire sur une durée d'utilisation de 5 ans.
Fin N + 2, une dépréciation non déductible fiscalement de 300 € est comptabilisée.
Aucun ajustement n'est enregistré de fin N + 3 à fin N + 4.

Annuité d'amortissement de N à N + 2 : 2 000/5 = 400
Base à amortir en N + 3 : 2 000 – [(400 X 3) + 300] = 500
Annuité calculée sur la nouvelle base : 500/2 = 250
Montant annuel du transfert de N + 3 à N + 4 : 400 – 250 = 150

	31/12/N + 3 et 4		
29183	Dépréciations du matériel de bureau et matériel informatique	150,00	
7876	Reprises sur dépréciations exceptionnelles		150,00
	Transfert de la dépréciation		
	31/12/N + 3 et 4		
6871	Dotations aux amortissements exceptionnels des immobilisations	150,00	
28183	Amortissements du matériel de bureau et matériel informatique		150,00
	Transfert de la dépréciation		

Au 31/12/N + 4, le total des amortissements est de 2 000 € et la dépréciation est nulle.

Les dépréciations des autres éléments d'actif

FICHE 30

1 ♦ PRINCIPE

Les dépréciations des autres éléments d'actif et leurs ajustements ne sont pas soumis aux mêmes règles comptables d'évaluation que les dépréciations des immobilisations incorporelles et corporelles. Par contre, leur comptabilisation est identique.

2 ♦ LES DÉPRÉCIATIONS DES STOCKS

Certains stocks ont une ***valeur actuelle inférieure à leur valeur comptable***. Il est alors nécessaire de constater une ***dépréciation*** pour chaque stock final concerné. Le traitement comptable, à la clôture de chaque exercice, nécessite deux étapes :

Étape 1	**Création de la dépréciation relative aux stocks finals** Dépréciation = Valeur comptable du stock final – Valeur d'inventaire
À débiter : 6817 Dotations aux dépréciations des actifs circulants ***À créditer*** : 39.. Dépréciations des stocks et en-cours	
Étape 2	**Reprise de la dépréciation relative aux stocks initiaux** Annulation des dépréciations constituées
À débiter : 39.. Dépréciations des stocks et en-cours ***À créditer*** : 7817 Reprises sur dépréciations des actifs circulants	

Attention ! Aucun ajustement n'est à effectuer d'un exercice à l'autre.

♦ Application

À l'inventaire N, le stock final de marchandises a subi une dépréciation de 785 €.
La dépréciation au 31/12/N – 1 s'élevait à 585 €.

	31/12/N		
6817	Dotations aux dépréciations des actifs circulants	785,00	
397	Dépréciations des stocks de marchandises		785,00
	Dépréciation du stock final		

	31/12/N		
397	Dépréciations des stocks de marchandises	585,00	
7817	Reprises sur dépréciations des actifs circulants		585,00
	Annulation de la dépréciation du stock initial		

3 ♦ LES DÉPRÉCIATIONS DES CRÉANCES

Des créances subissent une ***perte probable*** due aux ***risques*** de non recouvrement. Il est nécessaire de constater une ***dépréciation*** et d'en suivre l'***évolution*** sur les exercices ultérieurs.

A – Les dépréciations des nouveaux clients douteux sur l'exercice N

À l'inventaire considéré, l'entreprise peut établir un état de ses nouveaux clients douteux :

Nom du client	Créances		% de la dépréciation	Montant
	HT	TVA		
...	...	...	...	...

Le traitement comptable, à la clôture de l'exercice, nécessite deux étapes :

Étape 1	**Constatation de la créance douteuse** Reclassement
À débiter	: 416 Clients douteux
À créditer	: 411 Clients
Étape 2	**Constatation de la dépréciation relative à la créance douteuse** Dépréciation = Créance HT x % du risque de perte
À débiter	: 6817 Dotations aux dépréciations des actifs circulants
À créditer	: 491 Dépréciations des comptes clients

♦ Application

À l'inventaire N, la créance du client Adel est douteuse : montant TTC 1 200 €, perte probable est de 25 %.

	31/12/N		
416	Clients douteux	1 200,00	
411	Clients		1 200,00
	Adel : reclassement		
	31/12/N		
6817	Dotations aux dépréciations des actifs circulants	250,00	
491	Dépréciations des comptes clients		250,00
	Adel : (1 200 / 1,20) x 25 %		

B – L'ajustement des dépréciations des anciens clients douteux sur les exercices N + 1 et N + …

Les dépréciations constatées lors de l'inventaire précédent doivent être ajustées, à l'aide d'un état récapitulatif, en fonction de ***l'évolution du risque de perte*** pour chaque ancien client douteux :

Noms	Créance initiale TTC	Règlement effectué en N	Solde créance HT	Nouvelle dépréciation		Ancienne dépréciation	Ajustement	
				%	montant		+	–

Ajustement = Nouvelle dépréciation – Ancienne dépréciation

Le traitement comptable de l'ajustement, selon sa nature, est le suivant :

Augmentation du risque de perte Nouvelle dépréciation > Ancienne dépréciation
L'écriture est identique à celle relative à la constitution de la dépréciation.

Diminution ou disparition du risque de perte Nouvelle dépréciation < Ancienne dépréciation
À débiter : 491 Dépréciations des comptes clients ***À créditer*** : 7817 Reprises sur dépréciations des actifs circulants

♦ Application

À l'inventaire N + 1, la perte probable sur Adel n'est plus que de 10 % (dépréciation N : 250 €).

		31/12/N + 1		
491		Dépréciations des comptes clients	150,00	
	7817	Reprises sur dépréciations des actifs circulants		150,00
		Adel : [(1 200 / 1,20) x 10 %] – 250 = – 150 €		

C – La régularisation des anciens clients douteux pour solde

Lorsque le client effectue au cours de l'exercice un règlement pour ***solde de tout compte***, il faut ***régulariser définitivement*** sa situation. Le traitement comptable, à la clôture de l'exercice, nécessite deux étapes si le client douteux n'a réglé que partiellement sa dette :

Étape 1 — Annulation de la dépréciation devenue sans objet *(pour solde)*
L'écriture est identique à celle relative à la diminution ou la disparition de la dépréciation

Étape 2	Annulation de la créance douteuse et constatation d'une perte
À débiter	: 654 Pertes sur créances irrécouvrables *(montant HT non perçu)* : 44571 TVA collectée *(TVA non perçue)*
À créditer	: 416 Clients douteux *(Perte + TVA = Solde créance)*

♦ Application

Au cours de l'exercice N + 2, le client Adel a versé 540 € pour solde.

		31/12/N + 2		
491		Dépréciations des comptes clients	100,00	
	7817	Reprises sur dépréciations des actifs circulants		100,00
		Adel : annulation de la dépréciation (250 – 150)		
		31/12/N + 2		
654		Pertes sur créances irrécouvrables	550,00	
44571		TVA collectée	110,00	
	416	Clients douteux		660,00
		Solde de la créance Adel : 1 200 – 540 = 660 €		
		Perte : 660 / 1,2 = 550 €		

D – La créance totalement irrécouvrable dans l'exercice

La perte étant définitive et non probable, il n'y a pas lieu de créer une dépréciation.

	Client devenu insolvable dans l'exercice
À débiter	: 6714* Pertes devenues irrécouvrables dans l'exercice *(HT)* : 44571 TVA collectée *(TVA non perçue)*
À créditer	: 411 Clients *(solde créance TTC)*

* Ou 654 Pertes sur créances irrécouvrables

♦ Application

Au 31/12/N, le client Firmin est classé insolvable. Le montant de la créance est de 4 800 € TTC.

		31/12/N		
6714		Pertes devenues irrécouvrables dans l'exercice	4 000,00	
44571		TVA collectée	800,00	
	411	Clients		4 800,00
		Firmin insolvable		

4 ♦ LES DÉPRÉCIATIONS DES TITRES

Certains titres (titres de participation, titres immobilisés ou valeurs mobilières de placement) ont une ***valeur actuelle inférieure à leur valeur comptable***. Il est alors nécessaire de constater une dépréciation et d'en suivre l'évolution sur les exercices ultérieurs.

A – La création de la première dépréciation sur l'exercice N

Les titres sont évalués catégorie par catégorie (même société émettrice et mêmes droits). Selon la nature des titres, la valeur d'inventaire est fondée sur des ***critères différents*** (valeur d'utilité, cours moyen du dernier mois, valeur probable de négociation…). L'entreprise peut établir un état de ses titres en portefeuille afin d'estimer la dépréciation :

Nature des titres	Coût d'acquisition	Nombre	Valeur d'inventaire	Dépréciation	
				Unitaire	Totale
…	…	…	…	…	…

Le traitement comptable est le suivant :

Création de la dépréciation

Dépréciation = Coût d'acquisition des titres de même catégorie – Valeur d'inventaire

À débiter : 6866 Dotations aux dépréciations des éléments financiers

À créditer : 296 Dépréciations des participations et créances rattachées à des participations
: 297 Dépréciations des autres immobilisations financières
: 590 Dépréciations des valeurs mobilières de placement

Attention ! Les plus-values latentes résultant de la comparaison de la valeur d'inventaire avec la valeur d'entrée des titres ne sont jamais comptabilisées et ne doivent pas compenser les moins-values.

♦ Application

Au 31/12/N, les 300 titres BT, classés en VMP ont une valeur d'inventaire unitaire de 182 €. Leur coût d'acquisition unitaire est de 198 €.

	31/12/N		
6866	Dotations aux dépréciations des éléments financiers	4 800,00	
590	Dépréciations des valeurs mobilières de placement		4 800,00
	Dépréciation titres BT : (198 – 182) 300 = 4 800		

B – L'ajustement des dépréciations sur les exercices N + 1 et N + …

Les risques de perte peuvent évoluer, voire disparaître. Il convient d'ajuster les dépréciations en conséquence, à l'aide d'un état récapitulatif :

Nature des titres	Coût d'acquisition	Nbre	Valeur unitaire d'inventaire	Nouvelle dépréciation		Ancienne dépréciation	Ajustement	
				Unitaire	Totale		+	–

Ajustement = Nouvelle dépréciation – Ancienne dépréciation

Le traitement comptable de l'ajustement, selon la nature, est le suivant :

Augmentation du risque de perte Nouvelle dépréciation > Ancienne dépréciation
L'écriture est identique à celle relative à la constitution de la dépréciation.

Diminution ou disparition du risque de perte Nouvelle dépréciation < Ancienne dépréciation
À débiter : 296 Dépréciations des participations et créances rattachées à des participations : 297 Dépréciations des autres immobilisations financières : 590 Dépréciations des valeurs mobilières de placement ***À créditer*** : 7866 Reprises sur dépréciations des éléments financiers

♦ Application

Au 31/12/N + 1, la valeur d'inventaire unitaire des 300 titres BT est de 186 €.

		31/12/N + 1		
	590	Dépréciations des valeurs mobilières de placement	1 200,00	
	7866	Reprises sur dépréciations des éléments financiers		1 200,00
		Ajustement dépréciation titres BT :		
		[(198 – 186) 300] – 4 800 = – 1 200		

Les provisions

FICHE 31

1 ♦ DÉFINITION

Une provision est un passif externe dont le montant à l'échéance n'est pas fixé de façon précise. Les provisions sont destinées à couvrir ***des risques et des charges probables*** nettement précisés quant à leur objet que des événements survenus ou en cours rendent probables. Pour répondre à la définition d'une provision et être comptabilisée comme telle, trois critères sont retenus :

Trois critères

- ⇒ ***l'existence d'une obligation*** légale, réglementaire, contractuelle ou implicite ***envers un tiers*** et qui résulte d'un ***événement antérieur à la date de clôture***
- ⇒ l'obligation devra provoquer une ***sortie probable ou certaine de ressource au bénéfice du tiers sans contrepartie équivalente*** de celui-ci
- ⇒ le montant de la provision devra correspondre à la ***meilleure évaluation possible*** à la date de clôture

2 ♦ LA CLASSIFICATION DU PLAN COMPTABLE GÉNÉRAL

Les provisions constituent un ***élément du passif*** et représentent une ***rubrique***. Elles sont regroupées dans le compte « 15 Provisions ». Le PCG distingue deux types de provisions :

Provisions pour risques	Provisions pour charges
Risques probables, identifiés, inhérents à l'activité de l'entreprise	Charges probables importantes et prévisibles
1511 Provisions pour litiges	153 Provisions pour pensions et obligations similaires
1512 Provisions pour garanties données aux clients	154 Provisions pour restructurations
1513 Provisions pour pertes sur marchés à terme	155 Provisions pour impôts
1514 Provisions pour amendes et pénalités	156 Provisions pour renouvellement des immobilisations (entreprises concessionnaires)
1515 Provisions pour pertes de change	157 Provisions pour charges à répartir sur plusieurs exercices
1516 Provisions pour pertes sur contrats	158 Autres provisions pour charges
1518 Autres provisions pour risques	

Attention ! Les dépenses de gros entretien ou de grandes révisions faisant l'objet de programmes pluriannuels qui ne prolongent pas la durée de vie du bien au-delà de celle prévue initialement peuvent sur option être comptabilisées en composant de 2e catégorie, amorti sur sa propre durée de vie.

3 ♦ LA COMPTABILISATION

En application du principe de prudence, l'entreprise a l'obligation d'évaluer, de comptabiliser et d'ajuster les provisions.

A – La constitution de la provision sur l'exercice N

La provision constitue ***une charge*** d'exploitation, financière ou exceptionnelle, ***calculée*** selon la nature de l'activité qu'elle concerne, et un ***passif***.

Constitution de la provision
À débiter : 68.5 Dotations aux provisions …
À créditer : 15.. Provisions …

♦ Application

La société Capel est en litige avec un salarié qui a saisi le conseil des prud'hommes. Le 15/12/N, l'avocat de la société estime à 15 000 € le versement probable de dommages et intérêts.

Il s'agit d'une provision pour litiges comptabilisée en charges exceptionnelles.

	31/12/N		
6875	Dotations aux provisions exceptionnelles	15 000,00	
1511	Provisions pour litiges		15 000,00
	État des provisions n° …		

B – L'ajustement des provisions sur les exercices N + 1 et N + …

Tant que le risque ne s'est pas réalisé ou que la charge n'est pas survenue au cours d'un exercice, il faut ***analyser***, à chaque inventaire, la nouvelle situation et ***ajuster la provision*** en conséquence :

Ajustement = Nouvelle provision – Ancienne provision

Le traitement comptable de l'ajustement, selon sa nature, est le suivant :

Augmentation du risque ou de la charge probable Nouvelle provision > Ancienne provision
L'écriture est identique à celle relative à la constitution de la provision.

Diminution du risque ou de la charge probable Nouvelle provision < Ancienne provision
À débiter : 15.. Provisions …
À créditer : 78.5 Reprises sur provisions …

♦ Application

Le 12/12/N + 1, l'avocat de la société Capel l'informe qu'après l'analyse des nouvelles pièces du dossier, elle ne risque de verser que 12 000 € de dommages et intérêts.

Ajustement : 15 000 – 12 000 = 3 000 €

	31/12/N + 1		
1511	Provisions pour litiges	3 000,00	
7875	Reprises sur provisions exceptionnelles		3 000,00
	État des provisions n° …		

C – La réalisation du risque ou la survenance de la charge sur les exercices N + 1 ou N + …

Lorsque le ***risque se réalise*** ou que la ***charge survient*** au cours d'un exercice, la provision antérieurement constituée doit être ***soldée*** à la clôture de ce même exercice. En effet, les raisons qui ont motivé cette provision ont cessé d'exister.

On distingue deux types d'opérations dans l'exercice :

- une opération courante
- une opération d'inventaire

Constatation de la charge au cours de l'exercice	
À débiter	: 6.. Compte de charge concerné *(si opération assujettie à la TVA : montant HT)* : 44566 TVA sur ABS *(éventuellement montant de TVA)*
À créditer	: 4.. Compte de tiers concerné ou 5.. Compte de trésorerie concerné

Annulation de la provision à la clôture de l'exercice	
À débiter	: 15.. Provisions …
À créditer	: 78.5 Reprises sur provisions …

♦ Application

Le 10/10/N + 2, la société Capel est condamnée à verser, pour licenciement sans cause réelle et sérieuse, 10 000 € de dommages et intérêts.

	31/12/N + 2		
641	Rémunérations du personnel	10 000,00	
421	Personnel – Rémunérations dues		10 000,00
	Salarié X : dommages et intérêts		
	31/12/N + 2		
1511	Provisions pour litiges	12 000,00	
7875	Reprises sur provisions exceptionnelles		12 000,00
	Pour solde		

L'ajustement des charges et des produits

FICHE 32

1 ♦ PRINCIPE

Les ajustements de charges et de produits consistent à ***rattacher à un exercice déterminé*** toutes les charges et tous les produits qui le concernent réellement, mais eux seuls, afin de respecter le principe de l'indépendance des exercices. Toutefois, les produits et les charges comptabilisés au cours de l'exercice ne correspondent pas nécessairement à ceux qui lui incombent. En conséquence, il est obligatoire, à la clôture de l'exercice N, d'effectuer les ajustements suivants :

Exclure de l'exercice	Les charges et les produits qui ont été comptabilisés pendant l'exercice N, mais qui concernent, en partie ou en totalité, l'exercice suivant.	→ Charges constatées d'avance → Produits constatés d'avance
Inclure dans l'exercice	Les charges et les produits qui n'ont pas été comptabilisés, faute d'un document justificatif, alors qu'ils concernent l'exercice considéré.	→ Charges à payer → Produits à recevoir

2 ♦ LES CHARGES ET LES PRODUITS CONSTATÉS D'AVANCE

A – Les caractéristiques

Les principales caractéristiques des charges et des produits constatés d'avance sont les suivantes :

Caractéristiques	Charges constatées d'avance	Produits constatés d'avance
Champ d'application	Achats de biens ou de services enregistrés dont la fourniture, la prestation ou l'utilisation effective interviendra ultérieurement.	Produits comptabilisés avant que les fournitures et prestations aient été fournies ou effectuées.
Évaluation	Montant des charges imputables sur les exercices ultérieurs.	Montant des produits imputables sur les exercices ultérieurs.
Traitement comptable	Réduction ou annulation des charges concernées et constatation d'un ***actif*** enregistré dans ***un compte de régularisation actif*** destiné à répartir les charges dans le temps.	Réduction ou annulation des produits concernés et constatation d'un ***passif*** enregistré dans ***un compte de régularisation passif*** destiné à répartir les produits dans le temps.
Incidence sur la TVA	Aucune régularisation : la TVA a été comptabilisée lors de l'enregistrement de la facture.	Aucune régularisation : la TVA a été comptabilisée lors de l'enregistrement de la facture.

B – La comptabilisation

Charges constatées d'avance Quote-part des charges HT exclue de l'exercice à clôturer
À débiter : 486 Charges constatées d'avance ***À créditer*** : 6.. Comptes de charges concernées

Le compte 486 constitue le dernier poste de l'actif circulant.

Produits constatés d'avance Quote-part des produits HT exclue de l'exercice à clôturer
À débiter : 7.. Comptes de produits concernés ***À créditer*** : 487 Produits constatés d'avance

Le compte 487 constitue le dernier poste des dettes au bilan.

♦ Application

L'entreprise Giron constate les faits suivants lors de son inventaire en date du 31/12/N :
– il reste des fournitures de bureau non stockées achetées au cours de l'exercice pour 72 € HT, TVA 20 % ;
– une facture a été adressée le 25/12/N à un client, pour un montant de 1 000 € HT, TVA 20 %, alors que les marchandises sont encore en magasin.

	31/12		
486	Charges constatées d'avance	72,00	
6064	Fournitures administratives		72,00
	Fournitures de bureau non utilisées		
	31/12		
707	Ventes de marchandises	1 000,00	
487	Produits constatés d'avance		1 000,00
	Facture établie, marchandises en stock		

3 ♦ LES CHARGES À PAYER ET LES PRODUITS À RECEVOIR

A – Les caractéristiques

Les principales caractéristiques des charges à payer et des produits à recevoir sont résumées dans le tableau ci-dessous :

Caractéristiques	Charges à payer	Produits à recevoir
Champ d'application	Réception des biens ou consommation des services au cours de l'exercice à clôturer alors que la pièce justificative n'a pas été comptabilisée.	Biens ou prestations fournis ou effectués au cours de l'exercice à clôturer alors que la pièce justificative n'a pas été comptabilisée.
Évaluation	Montants des charges suffisamment connus et évaluables imputables sur l'exercice à clôturer.	Montants des produits suffisamment connus et évaluables imputables sur l'exercice à clôturer.

Caractéristiques	Charges à payer	Produits à recevoir
Traitement comptable	Comptabilisation des charges HT concernées et constatation des dettes TTC à venir rattachées aux comptes de tiers correspondants. **Comptes de dettes à venir** 16**8**8 Intérêts courus 40**8** Fournisseurs – Factures non parvenues 42**8**6 Personnel – Autres charges à payer 43**8**6 Organismes sociaux – Charges à payer 44**8**6 État – Charges à payer 46**8**6 Divers – Charges à payer	Comptabilisation des produits HT concernés et constatation des créances TTC à venir rattachées aux comptes de tiers correspondants. **Comptes de créances à venir** 276**8** Intérêts courus 41**8** Clients – Produits non encore facturés ou 46**8**7 Débiteurs – Produits à recevoir 42**8**7 Personnel – Produits à recevoir 43**8**7 Organismes sociaux – Produits à recevoir 44**8**7 État – Produits à recevoir
Incidence sur la TVA	La TVA est comptabilisée dans un compte de régularisation lorsque la déductibilité n'est pas encore intervenue.	La TVA est comptabilisée dans un compte de régularisation lorsque l'exigibilité n'est pas encore intervenue.

B – La comptabilisation

Charges à payer Quote-part des charges HT concernant l'exercice à clôturer	
À débiter	: 6.. Comptes de charges concernés *(si opération assujettie à la TVA : montant HT)* : 44586 TCA sur factures non parvenues *(montant de la TVA, le cas échéant)*
À créditer	: 4.8. Comptes de dettes à venir *(si opération assujettie à la TVA : montant TTC)* : 1688 Intérêts courus

Produits à recevoir Quote-part des produits HT concernant l'exercice à clôturer	
À débiter	: 4.8. Comptes de créances à venir *(si opération assujettie à la TVA : montant TTC)* : 2768 Intérêts courus
À créditer	: 7.. Comptes de produits concernés *(si opération assujettie à la TVA : montant HT)* : 44587 TCA sur factures à établir *(montant de la TVA, le cas échéant)*

♦ Application

L'entreprise Giron constate les faits suivants lors de son inventaire au 31/12/N :

– des intérêts relatifs à un emprunt sont versés à terme échu le 1/7 de chaque année ; le capital restant dû est de 16 000 € ; taux : 4 % l'an ;

– la facture des marchandises expédiées au client Reins sera établie en janvier N + 1 : montant 1 500 € HT, TVA 20 %.

		31/12		
661		Charges d'intérêts	320,00	
	1688	Intérêts courus		320,00
		(16 000 x 4 %) 6/12		

	31/12		
4181	Clients – Facture à établir	1 800,00	
44587	TCA sur factures à établir		300,00
707	Ventes de marchandises		1 500,00
	Reins facture à établir		

4 ♦ LA RÉGULARISATION DES RABAIS, REMISES ET RISTOURNES

Selon la nature de l'opération, les rabais, remises et ristournes à accorder ou à obtenir sont assimilés respectivement à des charges à payer ou à des produits à recevoir.

Rabais, remises et ristournes à accorder	
Concernant l'exercice à clôturer	
À débiter	: 709 RRR accordés par l'entreprise *(montant HT)*
	: 44587 TCA sur factures à établir *(montant de la TVA)*
À créditer	: 4198 RRR à accorder et autres avoirs à établir *(montant TTC)*

Les rabais, remises et ristournes à obtenir	
Concernant l'exercice à clôturer	
À débiter	: 4098 RRR à obtenir et autres avoirs non encore reçus *(montant TTC)*
À créditer	: 609 RRR obtenus sur achats *(montant HT)*
	: 44586 TCA sur factures non parvenues *(montant de la TVA)*

♦ Application

L'entreprise Giron constate les faits suivants lors de son inventaire au 31/12/N :

- *les ristournes à accorder aux clients relatives aux ventes de l'exercice s'élèvent à 700 € HT, TVA 20 % ; les avoirs seront établis en N + 1 ;*
- *les ristournes à recevoir des fournisseurs concernant les achats de l'exercice s'élèvent à 450 € HT, TVA 20 %.*

	31/12		
709	RRR accordés par l'entreprise	700,00	
44587	TCA sur factures à établir	140,00	
4198	RRR à accorder et autres avoirs à établir		840,00
	Ristournes à accorder		
	31/12		
4098	RRR à obtenir et autres avoirs non encore reçus	540,00	
609	RRR obtenus sur achats		450,00
44586	TCA sur factures non parvenues		90,00
	Ristournes à recevoir		

5 ♦ LA CONTREPASSATION

À l'ouverture de l'exercice suivant, il faut ***contrepasser*** les écritures de régularisation de charges et de produits (voir fiche 35).

Les écarts de conversion

FICHE
33

1 ♦ PRINCIPE

Au cours de l'exercice, les dettes et les créances en monnaies étrangères sont ***converties et comptabilisées en euros*** sur la base du ***dernier cours de change*** (voir fiche 10).

À l'inventaire, ces dettes et ces créances non éteintes doivent être ***actualisées*** au dernier cours de change. Lorsque l'actualisation a pour effet de modifier les montants en euros précédemment comptabilisés, il y a lieu de constater des ***écarts de conversion*** qui correspondent soit à des gains latents, soit à des pertes latentes.

Variation du cours de change entre la date de facturation (enregistrement de la créance ou de la dette) **et celle de l'inventaire**
=
Écart de conversion

2 ♦ LE CALCUL DES ÉCARTS DE CONVERSION

Les écarts de conversion sont évalués pour chaque créance et chaque dette intéressée, par ***différence*** entre le cours à l'enregistrement de la créance ou de la dette et le cours à l'inventaire.

Écarts de conversion		
Gain latent	Créance	Cours à l'inventaire > Cours à l'enregistrement ⇒ Augmentation de la créance
	Dette	Cours à l'inventaire < Cours à l'enregistrement ⇒ Diminution de la dette
Perte latente	Créance	Cours à l'inventaire < Cours à l'enregistrement ⇒ Diminution de la créance
	Dette	Cours à l'inventaire > Cours à l'enregistrement ⇒ Augmentation de la dette

3 ♦ LA COMPTABILISATION

À la clôture de l'exercice, les écarts de conversion constatés sont comptabilisés dans des ***comptes transitoires*** dans l'attente d'une régularisation au cours de l'exercice suivant. Par mesure de prudence, une ***provision pour risques*** est constituée pour le montant des pertes latentes.

Constatation du gain latent Augmentation des créances et Diminution des dettes
À débiter : 411 Clients : 401 Fournisseurs ***À créditer*** : 477 Différences de conversion – Passif

La comptabilisation des pertes latentes nécessite deux étapes :

Étape 1	Constatation de la perte latente Diminution des créances et Augmentation des dettes
À débiter ***À créditer***	: 476 Différences de conversion – Actif : 411 Clients : 401 Fournisseurs
Étape 2	**Constitution de la provision pour risques**
À débiter ***À créditer***	: 6865 Dotations aux provisions financières : 1515 Provisions pour pertes de change

Attention ! Lors du règlement effectif de la créancce ou de la dette, sur l'exercice suivant, le cours à l'inventaire est exclu du calcul du résultat de change.

La provision pour perte de change sera ***soldée et rapportée au résultat*** à la clôture de l'exercice sur lequel interviendra le règlement de la dette ou de la créance.

♦ Application

Au 31/12/N, avant l'inventaire, la société Xanis fournit l'état de ses dettes et de ses créances en monnaies étrangères :
– client américain Bryce : 12 000 dollars au cours de : 1 USD = 0,751 €
– fournisseur suisse Füssli : 8 000 francs suisse au cours de : 100 CHF = 83,23 €
À l'inventaire N, les cours des devises sont les suivants :
– 1 USD = 0,794 €
– 100 CHF = 87,03 €

• Client Bryce
La créance avant inventaire était de :
12 000 x 0,751 = 9 012 €

La créance à l'inventaire est de :

12 000 x 0,794 = 9 528 €

La créance a augmenté de :

9 528 – 9 012 = 516 €

Il s'agit d'un gain latent.

	31/12/N		
411	Clients	516,00	
477	Différences de conversion – Passif		516,00
	Bryce		

• Fournisseur Füssli

La dette avant inventaire était de :

8 000 x (83,23 / 100) = 6 656 €

La dette à l'inventaire est de :

8 000 x (87,03 / 100) = 6 960 €

La dette a augmenté de :

6 960 – 6 656 = 304 €

Il s'agit d'une perte latente.

	31/12/N		
476	Différences de conversion – Actif	304,00	
401	Fournisseurs		304,00
	Füssli		
	31/12/N		
6865	Dotations aux provisions financières	304,00	
1515	Provisions pour pertes de change		304,00
	Füssli : perte de change		

4 ♦ LA CONTREPASSATION

À l'ouverture de l'exercice N + 1, il faut contrepasser les écritures relatives aux différences de conversion (voir fiche 35).

Les sorties d'immobilisations

FICHE 34

1 ♦ PRINCIPE

Une immobilisation sort du patrimoine de l'entreprise :

– soit à la suite de ***sa cession***, car l'entreprise n'en est plus propriétaire, et n'en possède plus le contrôle ;

– soit à la suite de ***sa destruction ou de sa mise au rebut*** puisqu'elle est inutilisable.

La sortie de l'immobilisation de l'actif nécessite de ***régulariser***, à l'inventaire, l'ensemble des comptes relatifs à cette immobilisation. Sont concernés :

– le compte d'immobilisation, dans tous les cas ;

– les comptes d'amortissements comptable et dérogatoire
– le compte de dépréciation
– le compte de subvention
} le cas échéant.

2 ♦ LA CESSION DES IMMOBILISATIONS

La cession d'une immobilisation est une ***opération exceptionnelle*** qui concerne la politique d'investissement de l'entreprise.

Le traitement comptable de la cession comporte deux types d'opérations à des dates différentes :

- **une opération courante** ⇒ La cession constatée à la date de remise du bien
- **des opérations d'inventaire** ⇒ La sortie du patrimoine à la clôture de l'exercice

Attention ! Le traitement comptable d'un bien décomposable est identique à celui d'un bien non décomposable.

A – La comptabilisation de la cession

L'enrichissement correspondant au prix de cession HT constitue un ***produit exceptionnel*** et entraîne :

– une créance ou une entrée de trésorerie pour le prix de cession HT ou TTC ;

– l'exigibilité de la TVA pour les cessions soumises à la TVA.

Cession d'immobilisations incorporellles, corporelles ou financières	
À débiter	: 462 Créances sur cessions d'immobilisations ou : 5.. Compte de trésorerie concerné } *(HT ou TTC si cession assujettie à la TVA)*
À créditer	: 775 Produits des cessions d'éléments d'actif *(prix de cession HT)* : 44571 TVA collectée *(si cession assujettie à la TVA)*

Attention ! Les biens exclus du droit à déduction de la TVA lors de l'acquisition ne sont pas soumis à la TVA lors de leur cession.
En principe, les cessions de terrains à bâtir et d'immeubles neufs sont assujettis de plein droit à la TVA.

♦ Application

La société Marzin a cédé :
– le 13/8/N, 150 titres de participation XB au prix unitaire de 140 € ;
– le 1/10/N, un duplicopieur pour 4 200 € HT, TVA 20 % ; règlement par chèque bancaire.

• Cession de titres de participation non soumise à la TVA

	13/8/N		
462	Créances sur cessions d'immobilisations	21 000,00	
775	Produits des cessions d'éléments d'actif		21 000,00
	Cession titres XB : 140 x 150		

• Cession d'un matériel de bureau soumise à la TVA

	1/10/N		
512	Banques	5 040,00	
775	Produits des cessions d'éléments d'actif		4 200,00
44571	TVA collectée		840,00
	Cession duplicopieur, CH n° …		

B – La comptabilisation de la sortie du patrimoine des immobilisations non amortissables

Rappelons que les immobilisations non amortissables sont : le droit au bail, les terrains (sauf les carrières et les terrains de gisement), les immobilisations financières et qu'***elles peuvent faire l'objet de dépréciations***.

Précisons à nouveau que le fonds commercial bénéficie d'une présomption de non-amortissement qui peut être réfutée si sa durée d'utilisation est limitée.

Leur sortie du patrimoine engendre les deux opérations suivantes :

l'annulation de l'immobilisation pour sa valeur d'entrée	La perte de patrimoine qui en résulte constitue une ***charge exceptionnelle***
l'annulation de la dépréciation constituée antérieurement	La dépréciation devenue sans objet est ***rapportée au résultat***

Étape 1	Annulation de l'immobilisation Valeur d'origine = Valeur nette comptable
À débiter	: 675 Valeurs comptables des éléments d'actif cédés *(VNC)*
À créditer	: 2... Comptes d'immobilisations concernés *(VO)*
Étape 2	**Annulation de la dépréciation**
À débiter	: 29.. Dépréciation des immobilisations ...
À créditer	: 7816 Reprises sur dépréciations des immobilisations incorporelles et corporelles : 7866 Reprises sur dépréciations des éléments financiers

Lorsque les titres cédés proviennent de ***lots acquis à des dates différentes*** et donc à des coûts différents, leur valeur d'entrée est estimée soit au coût unitaire moyen pondéré (CUMP), soit d'après la méthode Premier entré, Premier sorti (PEPS) qui est privilégiée sur le plan fiscal.

♦ Application

Les titres de participation XB cédés le 13/8 par la société Marzin ont fait l'objet d'une dépréciation de 1 800 € et ont été acquis pour 25 000 €. Date d'inventaire 31/12/N.

	31/12/N		
675	Valeurs comptables des éléments d'actif cédés	25 000,00	
261	Titres de participation		25 000,00
	Sortie des titres XB		
	31/12/N		
2961	Dépréciations des titres de participation	1 800,00	
7866	Reprises sur dépréciations des éléments financiers		1 800,00
	Annulation de la dépréciation des titres XB		

C – La comptabilisation de la sortie du patrimoine des immobilisations amortissables totalement amorties

Lorsque l'immobilisation est totalement amortie à la date de cession, ***sa VNC est nulle*** et aucune perte de patrimoine n'est constatée. Il suffit de ***solder*** le compte d'immobilisation et celui d'amortissement correspondant, ***l'un par l'autre***.

	Annulation de l'immobilisation et des amortissements Total des amortissements pratiqués = Valeur d'origine du bien
À débiter	: 28... Amortissements des immobilisations ... *(solde créditeur)*
À créditer	: 2... Comptes d'immobilisations concernés *(solde débiteur)*

♦ Application

La société Tinga a cédé le 15/6/N une machine-outil, totalement amortie, pour 5 400 € HT, dont la valeur d'acquisition était de 38 000 €. Date d'inventaire 31/12.

	31/12/N		
2815	Amortissements des installations techniques, matériel et outillage industriels	38 000,00	
215	Installations techniques, matériel et outillage industriels		38 000,00
	Annulation de la machine-outil		

D – La comptabilisation de la sortie du patrimoine des immobilisations amortissables partiellement amorties et non dépréciées

Lorsque l'immobilisation est partiellement amortie à la date de cession, ***sa VNC n'est pas nulle*** ; elle traduit la ***perte de patrimoine*** que l'entreprise subit à la suite de la cession.

Les travaux de régularisation nécessitent deux opérations :

- **la constatation d'une annuité d'amortissement complémentaire**
- **l'annulation de l'immobilisation, des amortissements pratiqués jusqu'à la date de cession et la constatation de la perte de patrimoine**

Étape 1	**Annuité d'amortissement complémentaire** Calculée du premier jour de l'exercice à la date de cession
À débiter	: 6811 Dotations aux amortissements sur immobilisations incorporelles et corporelles
À créditer	: 28.. Amortissements des immobilisations …
Étape 2	**Annulation de l'immobilisation et constatation de la perte de patrimoine** Valeur d'origine – Amortissements cumulés = Valeur nette comptable
À débiter	: 675 Valeurs comptables des éléments d'actif cédés *(VNC)* : 28.. Amortissements des immobilisations … *(amortissements cumulés : solde créditeur)*
À créditer	: 2… Comptes d'immobilisations concernés *(VO : solde débiteur)*

♦ Application

Le duplicopieur, cédé le 1/10/N par la société Marzin pour 4 200 € HT, a été acquis le 1/3/N – 2 pour 9 000 € HT et amorti selon le mode linéaire. La durée d'utilisation prévue était de 5 ans. Date d'inventaire 31/12.

- Annuité complémentaire du 1er janvier N au 30 septembre N

  9 000 x 20 % x 9 / 12 = 1 350 €

- Amortissements cumulés depuis l'acquisition jusqu'à la cession

D	28183		C
		1 500,00	Annuité N – 2 du 1/3 au 31/12
		1 800,00	Annuité N – 1
		1 350,00	Annuité N
SC	4 650,00	4 650,00	TC

- Valeur nette comptable

  9 000 – 4 650 = 4 350 €

	31/12		
28183	Amortissements du matériel de bureau et matériel informatique	4 650,00	
675	Valeurs comptables des éléments d'actif cédés	4 350,00	
2183	Matériel de bureau et matériel informatique		9 000,00
	Annulation duplicopieur		

E – La comptabilisation de la sortie du patrimoine des immobilisations amortissables partiellement amorties et dépréciées

Rappelons que la constatation d'une dépréciation entraîne la modification du plan d'amortissement :

– la base amortissable d'origine est réduite du montant de la dépréciation :

Valeur d'origine – Dépréciation

– les amortissements constatés à partir de cette nouvelle base amortissable sont inférieurs à ceux qui auraient été pratiqués si le bien n'avait pas été déprécié ;

– la valeur nette portée au bilan est égale à :

Valeur d'origine – Amortissements cumulés – Dépréciation

La sortie d'une immobilisation partiellement amortie et dépréciée entraîne trois opérations de régularisation :

la constatation d'une annuité d'amortissement complémentaire	Voir traduction comptable page 161
l'annulation de la dépréciation	Voir traduction comptable page 159
l'annulation de l'immobilisation, des amortissements pratiqués jusqu'à la date de cession et la constatation de la perte de patrimoine	Voir traduction comptable page 161 Le montant porté au débit du compte 675 est égal à : **VO – Amortissements cumulés**

♦ Application

La société Lesur a cédé, le 1/7/N + 2, un véhicule utilitaire acquis le 1/1/N, dont elle vous fournit l'extrait du plan d'amortissement :

Date	Base à amortir	Annuités	Amortissements cumulés	Dépréciations		VNC
				Dotations	Reprises	
31/12/N	30 000	6 000	6 000			24 000
31/12/N + 1	30 000	6 000	12 000	3 000		15 000
31/12N + 2	15 000	5 000	17 000			10 000

- Annuité complémentaire du 1/1/N + 2 au 30/6/N + 2
  5 000 x 6 / 12 = 2 500 €
- Amortissements cumulés au 31/12/N + 2
  12 000 + 2 500 = 14 500 €
- Montant du compte 675
  30 000 – 14 500 = 15 500 €

Compte	Libellé	Débit	Crédit
	31/12/N + 2		
6811	Dotations aux amortissements sur immobilisations incorporelles et corporelles	2 500,00	
28182	Amortissements du matériel de transport		2 500,00
	Annuité complémentaire véhicule utilitaire		
	31/12/N + 2		
29182	Dépréciations du matériel de transport	3 000,00	
7816	Reprises sur dépréciations des immobilisations incorporelles et corporelles		3 000,00
	Annulation dépréciation véhicule utilitaire		
	31/12/N + 2		
28182	Amortissements du matériel de transport	14 500,00	
675	Valeurs comptables des éléments d'actif cédés	15 500,00	
2182	Matériel de transport		30 000,00
	Sortie du véhicule utilitaire		

Attention ! Pour les cessions d'actifs immobiliers exonérées de TVA (terrains non à bâtir, immeubles achevés depuis plus de 5 ans), la TVA initialement déduite fait l'objet d'une régularisation globale pour chacune des années restantes de la période de régularisation (20 ans) avec un coefficient de déduction égal à 0.
Le montant de la TVA à reverser majore le montant porté au compte « 675 Valeurs comptables des éléments d'actif cédés » et est inscrite au crédit du compte « 44551 TVA à décaisser ».

F – La comptabilisation de la sortie du patrimoine des immobilisations ayant fait l'objet d'amortissements dérogatoires

Outre les opérations de sortie de patrimoine présentées pages 159 et 160, les amortissements dérogatoires doivent être ***soldés et rapportés au résultat. Ils n'affectent pas la VNC***.

On distingue deux situations :

Annuité fiscale > Annuité comptable	
Étape 1	**Comptabilisation de l'annuité complémentaire**
À débiter	: 6872 Dotations aux provisions réglementées (immobilisations)
À créditer	: 145 Amortissements dérogatoires
Étape 2	**Annulation des amortissements dérogatoires**
À débiter	: 145 Amortissements dérogatoires
À créditer	: 7872 Reprises sur provisions réglementées (immobilisations)

Annuité fiscale < Annuité comptable	
Annulation des amortissements dérogatoires	
À débiter	: 145 Amortissements dérogatoires
À créditer	: 7872 Reprises sur provisions réglementées (immobilisations)

♦ Application

La société APM a cédé, le 1/3/N, une imprimante 3D acquise le 1/9/N – 1, pour 14 800 €.
Elle a fait l'objet d'un d'amortissement exceptionnel sur 24 mois, l'amortissement économique est linéaire sur 4 ans. Date d'inventaire 31/12.
L'extrait du tableau d'amortissement est le suivant :

Date	Annuité d'amortissement fiscale	Annuité d'amortissement comptable	Amortissement dérogatoire	
			+	–
31/12/N – 1	14 800 x 4 / 24 = 2 466,67	14 800 x 25 % x 4 / 12 = 1 233,33	1 233,34	
31/12/N	14 800 x 12 / 24 = 7 400,00	14 800 x 25 % = 3 700,00	3 700,00	

- Annuité comptable complémentaire du 1/1/N au 1/3/N
  3 700 x 2 / 12 = 616,67 €
- Annuité dérogatoire complémentaire du 1/1/N au 1/3/N
  3 700 x 2 / 24 = 308,33 €
- Amortissements comptables cumulés
  1 233,33 + 616,67 = 1 850 €
- Valeur nette comptable
  14 800 – 1 850 = 12 950 €
- Amortissements dérogatoires à solder
  1 233,34 + 308,33 = 1 541,67 €

	31/12/N		
6811	Dotations aux amortissements sur immobilisations incorporelles et corporelles	616,67	
2815	Amortissements des installations techniques, matériels et outillage industriels		616,67
	Annuité complémentaire imprimante 3D		
	31/12/N		
6872	Dotations aux provisions réglementées (immobilisations)	308,33	
145	Amortissements dérogatoires		308,33
	Annuité imprimante 3D		
	31/12/N		
2815	Amortissements des installations techniques, matériels et outillage industriels	1 850,00	
675	Valeurs comptables des éléments d'actif cédés	12 950,00	
215	Installations techniques, matériels et outillage industriels		14 800,00
	Annulation imprimante 3D		
	31/12/N		
145	Amortissements dérogatoires	1 541,67	
7872	Reprises sur provisions réglementées (immobilisations)		1 541,67
	Pour solde		

G – La comptabilisation de la sortie du patrimoine des immobilisations subventionnées

Outre les opérations de sortie du patrimoine présentées pages 159, 160, 161 et 162, il est nécessaire :

- de déterminer le solde de la subvention d'investissement = SC du compte 131 – SD du compte 139
- de rapporter au résultat de l'exercice le solde de la subvention d'investissement — L'exercice concerné est celui au cours duquel intervient la cession
- de solder les comptes 131 et 139 — L'un par l'autre

On distingue deux étapes de comptabilisation :

Étape 1	**Solde de la subvention rapporté au résultat de l'exercice**
À débiter	: 139 Subventions d'investissement inscrites au compte de résultat
À créditer	: 777 Quote-part des subventions d'investissement virée au compte de résultat
Étape 2	**Solde des comptes de subvention**
À débiter	: 131 Subventions d'équipement
À créditer	: 139 Subventions d'investissement inscrites au compte de résultat

♦ Application

La société Guldo a cédé le 15/11/N un terrain acquis pour 45 000 € en N – 7.
En N – 5, la société a perçu une subvention d'équipement de 20 000 €.
Il n'existe aucune clause d'inaliénabilité. Date d'inventaire : 31/12/N.

- Solde de la subvention
  SC du compte 131 : 20 000 €
  SD du compte 139 : 20 000 x 7 / 10 = 14 000 €
- Montant de la subvention à rapporter au résultat
  20 000 – 14 000 = 6 000 €

	31/12/N		
675 211	Valeurs comptables des éléments d'actif cédés Terrains *Annulation terrain*	45 000,00	 45 000,00
	31/12/N		
139 777	Subventions d'investissement inscrites au compte de résultat Quote-part des subventions d'investissement virée au compte de résultat *Solde de la subvention rapportée au résultat*	6 000,00	 6 000,00
	31/12/N		
131 139	Subventions d'investissement Subventions d'investissement inscrites au compte de résultat *Pour solde*	20 000,00	 20 000,00

H – La cession des immobilisations éligibles à la déduction fiscale exceptionnelle en faveur de l'investissement

Lorsqu'une entreprise cède un bien pour lequel elle bénéficie de la déduction fiscale exceptionnelle, il y a lieu de distinguer deux situations :

– ***le bien cèdé est totalement amorti*** : l'entreprise a bénéficié de la totalité de la déduction exceptionnelle autorisée, soit 40 % de la valeur d'origine du bien, répartie linéairement sur la durée normale d'utilisation du bien. Elle reste définitivement acquise à l'entreprise ;

– ***le bien cèdé n'est pas totalement amorti*** : la déduction fiscale exceptionnelle n'est pas acquise en totalité mais à hauteur de la part déduite du résultat imposable calculée *prorata temporis*, jusqu'à la date de cession.

♦ Application

Une entreprise a acquis le 16 octobre 2016 une machine industrielle, éligible à la déduction fiscale exceptionnelle, pour 180 000 € HT. La durée d'utilisation est de cinq ans.

Première hypothèse : le bien est cédé le 1er juillet 2022

Déduction exceptionnelle acquise :

– en 2016 : 180 000 x 40 % x 1/5 x 3/12 = 3 600 €

– de 2017 à 2020 : 180 000 x 40 % x 1/5 = 14 400 € par an

– en 2021 : 180 000 x 40 % x 1/5 x 9/12 = 10 800 €

soit un total de 72 000 € (180 000 x 40 %)

Deuxième hypothèse : le bien est cédé le 1er juillet 2019

Déduction exceptionnelle acquise :

– en 2016 : 180 000 x 40 % x 1/5 x 3/12 = 3 600 €

– de 2017 à 2018 : 180 000 x 40 % x 1/5 = 14 400 € par an

– en 2019 : 180 000 x 40 % x 1/5 x 6/12 = 7 200 €

soit un total de 39 600 €

La déduction prend fin à la date de cession du bien.

Rappelons que la déduction exceptionnelle n'est pas retenue pour le calcul de la valeur nette comptable, ni comptabilisée.

I – Le résultat de cession

Le résultat de cession des immobilisations ***qui affecte le résultat de l'exercice*** apparaît par différence entre les comptes 675 et 775.

La plus ou moins-value de cession qui en résulte ***n'est jamais comptabilisée*** mais fondue dans le résultat de l'exercice, contrairement à celle issue des cessions de VMP (voir fiche 20).

3 ♦ LA DESTRUCTION OU LA MISE AU REBUT D'IMMOBILISATIONS

Lorsqu'une immobilisation est détruite ou mise au rebut, sa ***valeur actuelle est nulle*** et l'entreprise ***subit une perte***. La perception d'une indemnité d'assurance est assimilée à un prix de cession.

On distingue trois opérations de régularisation :

– la constatation d'une annuité complémentaire ;

– la constatation de la perte de valeur de l'immobilisation portée en amortissements exceptionnels ;

– l'annulation de l'immobilisation et des amortissements pratiqués d'égal montant.

♦ Application

Le 1/7/N, la société Proxi met au rebut un ordinateur acquis le 1/1/N – 2 pour 4 000 €.
La durée d'utilisation prévue est de 4 ans et le mode d'amortissement est linéaire.
Date d'inventaire 31/12.

- Annuité complémentaire du 1/1/N au 30/6/N
  4 000 x 25 % x 6 / 12 = 500 €
- Amortissements cumulés jusqu'au 1/7/N
  4 000 x 25 % x 2,5 = 2 500 €
- Perte
  4 000 – 2 500 = 1 500 €

		31/12/N		
6811		Dotations aux amortissements sur immobilisations incorporelles et corporelles	500,00	
	28183	Amortissements des matériel de bureau et matériel informatique		500,00
		Annuité complémentaire ordinateur		
		31/12/N		
6871		Dotations aux amortissements exceptionnels des immobilisations	1 500,00	
	28183	Amortissements des matériel de bureau et matériel informatique		1 500,00
		Perte sur ordinateur		
		31/12/N		
28183		Amortissements des matériel de bureau et matériel informatique	4 000,00	
	2183	Matériel de bureau et matériel informatique		4 000,00
		Pour solde		

La clôture et la réouverture des comptes

FICHE 35

1 ♦ PRINCIPE

L'entreprise doit faire apparaître dans ses livres, en fin d'exercice, le bénéfice ou la perte qui résulte de son activité pour l'exercice qui s'achève.

Une fois le résultat déterminé, l'entreprise procède à la ***clôture*** de l'exercice achevé et à la ***réouverture*** du nouvel exercice pour respecter le ***principe d'indépendance des exercices***.

L'ensemble de ces travaux comptables est effectué à l'aide des balances après inventaire et d'inventaire (voir fiche 24).

2 ♦ LA DÉTERMINATION DU RÉSULTAT

Les opérations de détermination du résultat, encore appelées ***écritures de regroupement***, consistent à ***solder l'ensemble des comptes de gestion*** et à ***comptabiliser le résultat de l'exercice***.

Le traitement comptable s'effectue en trois étapes :

- Solder les comptes soustractifs des classes 6 et 7 afin de déterminer les achats nets et les ventes nettes
- Solder les comptes de charges et de produits à l'aide de comptes internes
- Comptabiliser le résultat de l'exercice par différence entre les comptes internes

Attention ! Les comptes de gestion redémarrent à zéro au début de chaque exercice comptable.

Étape 1	**Solder les comptes soustractifs**
Comptes 609, 619 et 629	*À débiter* : 609 Rabais, remises et ristournes obtenus sur achats (*solde créditeur*) : 619/629 Rabais, remises et ristournes obtenus sur … (*solde créditeur*) *À créditer* : 60 Achats de … : 61/62 Comptes de services extérieurs concernés
Compte 709	*À débiter* : 70. Ventes de … *À créditer* : 709 Rabais, remises et ristournes accordés par l'entreprise (*solde débiteur*)
Étape 2	**Solder les comptes de charges et de produits**
Classe 6	*À débiter* : 126 Transfert global des charges : 603 Variations des stocks (*en cas de solde créditeur*) *À créditer* : 6.. Comptes de charges (*solde débiteur*)
Classe 7	*À débiter* : 7.. Comptes de produits (*solde créditeur*) *À créditer* : 127 Transfert global des produits : 713 Variation des stocks (*en cas de solde débiteur*)
Étape 3	**Comptabilisation du résultat**
Bénéfice SC du compte 127 > SD du compte 126	*À débiter* : 127 Transfert global des produits (*pour solde*) *À créditer* : 126 Transfert global des charges (*pour solde*) : 120 Résultat de l'exercice (bénéfice)
Perte SC du compte 127 < SD du compte 126	*À débiter* : 127 Transfert global des produits (*pour solde*) : 129 Résultat de l'exercice (perte) *À créditer* : 126 Transfert global des charges (*pour solde*)

Attention ! Les comptes de gestion peuvent être soldés en une seule écriture ; dans ce cas, le résultat apparaît directement dans le compte 120 ou 129.

Le compte 120 ou 129 est porté au bilan et au compte de résultat dans le poste approprié (voir fiche 3).

3 ♦ LES OPÉRATIONS DE CLÔTURE ET DE RÉOUVERTURE DES EXERCICES

Les opérations de clôture et de réouverture concernent ***uniquement les comptes de bilan*** qui ont ***une durée de vie indépendante de l'exercice***, contrairement aux comptes de gestion.

A – La clôture de l'exercice achevé

L'entreprise doit effectuer deux types de travaux.

1) La clôture des comptes de bilan

L'opération consiste, pour chacun d'eux, à ***totaliser*** le débit et le crédit puis à ***calculer leur solde***.

2) La clôture du journal

L'entreprise a le choix entre deux méthodes :

Méthode 1 Une seule écriture : solder les comptes de bilan les uns par les autres
À débiter : 1. à 5. Comptes de bilan *(solde créditeur)* *À créditer* : 1. à 5. Comptes de bilan *(solde débiteur)*

Méthode 2 Deux écritures : solder les comptes de bilan à l'aide d'un compte prévu par le PCG	
Annulation des comptes de bilan à solde créditeur	*À débiter* : 1. à 5. Comptes de bilan *(solde créditeur)* *À créditer* : 891 Bilan de clôture
Annulation des comptes de bilan à solde débiteur	*À débiter* : 891 Bilan de clôture *À créditer* : 1. à 5. Comptes de bilan *(solde débiteur)*

B – La réouverture du nouvel exercice

L'entreprise doit effectuer trois types de travaux.

1) La réouverture des comptes de bilan

L'opération consiste à inscrire dans chaque compte de bilan le ***solde dégagé*** à la clôture, ***du côté de sa nature***.

2) La réouverture du journal

L'entreprise a le choix entre deux méthodes :

- ***en une seule écriture*** : les comptes de bilan qui ont un solde débiteur sont débités, ceux qui ont un solde créditeur sont crédités ;
- ***en deux écritures*** : en utilisant le compte « 890 Bilan d'ouverture » prévu par le PCG.

3) Les travaux de contrepassation de certaines écritures d'inventaire

Les opérations concernées sont :

- ***les charges et les produits constatés d'avance*** qui doivent être transférés dans l'exercice qui les concerne ;
- ***les charges à payer et les produits à recevoir*** qui sont annulés pour être enregistrés en opérations courantes lors de la comptabilisation du document comptable ;
- ***les différences de conversion actif et passif*** qui sont annulées pour conserver en comptabilité la valeur d'entrée des créances et des dettes.

Contrepassation des écritures de régularisation	
Charges constatées d'avance	*À débiter* : 6.. Comptes de charges concernés *À créditer* : 486 Charges constatées d'avance

Contrepassation des écritures de régularisation		
Charges à payer	*À débiter* *À créditer*	: 1688 Intérêts courus : 4.8 Comptes de dettes à venir : 6.. Comptes de charges concernés : 44586 TCA sur factures non parvenues
RRR à accorder	*À débiter* *À créditer*	: 4198 RRR à accorder et autres avoirs à établir : 709 RRR accordés par l'entreprise : 44587 TCA sur factures à établir
Produits constatés d'avance	*À débiter* *À créditer*	: 487 Produits constatés d'avance : 7.. Comptes de produits concernés
Produits à recevoir	*À débiter* *À créditer*	: 7.. Comptes de produits concernés : 44587 TCA sur factures à établir : 2768 Intérêts courus : 4.8 Comptes de créances à venir
RRR à obtenir	*À débiter* *À créditer*	: 609 RRR obtenus sur achats : 44586 TCA sur factures non parvenues : 4098 RRR à obtenir et autres avoirs non encore reçus
Différences de conversion – Actif	*À débiter* *À créditer*	: 401 Fournisseurs ou 411 Clients : 476 Différences de conversion – Actif
Différences de conversion – Passif	*À débiter* *À créditer*	: 477 Différences de conversion – Passif : 401 Fournisseurs ou 411 Clients

Attention ! À l'issue de ces opérations, les comptes de régularisation, les comptes de dettes et créances à venir et les comptes transitoires sont soldés.

♦ Application

Le 31/12/N, les opérations suivantes de régularisation ont été enregistrées :
– perte latente de change relative à une créance sur un client : 200 € ;
– loyer du parking payé le 1/11/N pour les 3 mois à venir : 2 700 €.

Les écritures de régularisation enregistrées en N doivent être, à l'ouverture de l'exercice N + 1, contrepassées.

	1/1/N + 1		
411	Clients	200,00	
476	Différences de conversion – Actif		200,00
	Contrepassation de la perte latente		
	1/1/N + 1		
613	Locations	900,00	
486	Charges constatées d'avance		900,00
	Contrepassation : loyer 2 700 / 3		

La notion d'affectation du résultat

FICHE 36

1 ♦ L'AFFECTATION DU RÉSULTAT DANS UNE ENTREPRISE INDIVIDUELLE SOUMISE À L'IMPÔT SUR LE REVENU

L'affectation du résultat de l'exercice N s'effectue lors de la ***réouverture de l'exercice suivant*** (N + 1).

Le capital individuel de l'entreprise est ***modifié*** par l'affectation du résultat.

Le résultat de l'exercice vient augmenter ou diminuer le capital de l'entreprise :

- **Cas d'un bénéfice** Le compte 120 est soldé, le capital est augmenté
- **Cas d'une perte** Le compte 129 est soldé, le capital est diminué

Par ailleurs, lors de l'affectation du résultat, le compte « ***108 Compte de l'exploitant*** » qui enregistre les retraits et les apports personnels de l'exploitant doit être ***soldé et viré au capital***.

Le traitement comptable diffère selon la nature du résultat et la nature du solde du compte de l'exploitant :

Affectation du résultat	
Cas d'un bénéfice	***À débiter*** : 120 Résultat de l'exercice (bénéfice) ***À créditer*** : 101 Capital
Cas d'une perte	***À débiter*** : 101 Capital ***À créditer*** : 129 Résultat de l'exercice (perte)
Compte de l'exploitant : SD	***À débiter*** : 101 Capital ***À créditer*** : 108 Compte de l'exploitant
Compte de l'exploitant : SC	***À débiter*** : 108 Compte de l'exploitant ***À créditer*** : 101 Capital

♦ Application

Monsieur Hélias, entrepreneur individuel, a constaté pour l'exercice N un bénéfice de 14 700 €.
Le compte 108 présente au 1/1/N + 1 un SD de 8 200 €.

	1/1/N + 1		
120	Résultat de l'exercice (bénéfice)	14 700,00	
108	Compte de l'exploitant		8 200,00
101	Capital		6 500,00
	Affectation du bénéfice		

Attention ! L'entrepreneur individuel sous statut de l'Entrepreneur Individuel à Responsabilité Limitée (EIRL) peut opter, sous conditions, pour l'impôt sur les sociétés. Dans ce cas, le bénéfice net comptable est soit prélevé par l'EIRL sous forme de dividendes, soit conservé dans l'entreprise sous forme de réserves. L'Ordre des experts-comptables préconise un traitement comptable de l'affectation du résultat identique à celui d'une société.

2 ♦ L'AFFECTATION DU RÉSULTAT DANS UNE SOCIÉTÉ

A – L'affectation de la perte ou du bénéfice

Dans les 6 mois de la clôture de son exercice, l'assemblée générale ordinaire (AGO) des associés ou des actionnaires doit approuver les comptes de l'exercice écoulé et ***statuer sur le projet d'affectation*** du résultat net d'impôt (Bénéfice comptable avant impôt – Impôt sur les bénéfices), selon les dispositions légales et statutaires.

Cas d'une perte	Elle est portée au compte de report à nouveau dans l'attente d'être absorbée par des bénéfices ultérieurs.
Cas d'un bénéfice	Après avoir absorbé, le cas échéant, la perte de l'exercice précédent, le bénéfice est affecté : – à des réserves obligatoires (légales…) et à des réserves facultatives ; – à des dividendes (calculés sur le bénéfice distribuable) ; – à un report à nouveau pour le reliquat de bénéfice restant après distribution.

Le traitement comptable diffère selon la nature du résultat :

Affectation du résultat		
Cas d'une perte	***À débiter***	: 119 Report à nouveau (solde débiteur)
	À créditer	: 129 Résultat de l'exercice (perte)
Cas d'un bénéfice	***À débiter***	: 120 Résultat de l'exercice (bénéfice) : 110 Report à nouveau (solde créditeur) *(reliquat bénéfice N – 1)*
	À créditer	: 106 Réserves : 457 Associés - Dividendes à payer : 119 Report à nouveau (solde débiteur) *(perte antérieure, le cas échéant)* : 110 Report à nouveau (solde créditeur) *(reliquat bénéfice N)*

B – Le paiement des dividendes

Les modalités de paiement des dividendes sont fixées par l'assemblée générale ordinaire.

Les dividendes doivent être payés, en principe en numéraire et en une seule fois, ***dans les 9 mois*** après la clôture de l'exercice.

Paiement des dividendes en numéraire
À débiter : 457 Associés – Dividendes à payer *(pour solde)*
À créditer : 512 Banques

♦ Application

Le bénéfice net d'impôt de la SARL Kléris pour l'exercice N est de 23 000 €.
L'Assemblée générale ordinaire du 25/5/N + 1 a décidé l'affectation suivante :
Réserve légale : 3 000 €
Dividendes : 19 800 €
Le reliquat de bénéfice résultant de l'affectation du résultat N – 1 est de 75 €.
Les dividendes sont versés, en numéraire, aux associés le 5/8/N + 1 par virements bancaires.

	25/5/N + 1		
110	Report à nouveau (solde créditeur)	75,00	
120	Résultat de l'exercice (bénéfice)	23 000,00	
106	Réserves		3 000,00
457	Dividendes à payer		19 800,00
110	Report à nouveau (solde créditeur)		275,00
	Affectation du résultat N		
	5/8/N + 1		
457	Dividendes à payer	19 800,00	
512	Banques		19 800,00
	VIR n° …, n° …, n° …,n° …		

Les pièces comptables, l'organisation et les contrôles comptables

FICHE 37

1 ♦ L'ORGANISATION COMPTABLE

L'organisation comptable d'une entreprise est structurée à partir de trois éléments :

un plan de comptes	voir fiche 1
des pièces comptables	pièces justificatives et livres comptables
un système comptable	ensemble des procédés et méthodes d'enregistrement des opérations comptables

Le PCG préconise pour chaque entreprise d'établir une documentation décrivant les procédures et l'organisation comptable dans le but de comprendre le circuit de l'information comptable et de contrôler le système de traitement comptable.

L'organisation du système de traitement doit permettre de :

reconstituer	à partir des pièces justificatives, les éléments des comptes, états et renseignements soumis à la vérification
retrouver	à partir des comptes, états et renseignements les données et les pièces justificatives

2 ♦ LES PIÈCES COMPTABLES

A – Les pièces justificatives

Les pièces justificatives fournissent les ***données introduites*** dans le système d'organisation comptable. Toute pièce justificative est ***datée et porte un numéro de référence***.

Les pièces justificatives sont triées par nature, classées et numérotées par ordre chronologique (factures reçues, factures émises, pièces de caisse…).

Il existe deux types de pièces justificatives :

– ***les pièces externes*** qui émanent de tiers (factures d'achat, notes, extraits de compte...) ;

– ***les pièces internes*** (factures de vente, pièces de caisse, chèques...).

Elles doivent être conservées pendant ***10 ans*** à partir de la clôture de l'exercice.

Les avancées technologiques et législatives permettent aux entreprises la mise en place progressive de processus de ***dématérialisation des supports d'information***, à partir de procédés sécurisés de télétransmission, ainsi qu'un ***archivage électronique***, tout en respectant les exigences comptables et fiscales. Parmi les pièces justificatives dématérialisées, citons notamment :

– les factures ;

– les déclarations sociales et leur paiement ;

– les déclarations fiscales ;

– les bulletins de paie ;

– ...

B – Les livres comptables obligatoires

Rappelons que toute entreprise doit tenir un ***livre-journal*** et un ***grand livre*** (voir fiche 4) qui sont soumis à certaines contraintes légales résumées dans le tableau ci-dessous :

Forme et authentification	Le grand livre ne revêt aucune forme particulière. Il peut être tenu désormais sous format électronique comme le livre-journal. Le livre-journal doit être tenu : – soit sous forme de ***registre cousu et collé*** ou de ***registre à feuilles mobiles*** qui peuvent être cotés et paraphés (forme ancienne) ; – soit sous forme de ***documents informatiques*** écrits offrant toute garantie en matière de preuve ; – soit sous forme de ***support informatique*** à condition d'apposer une signature électronique fiable.
Tenue	Les livres doivent être établis sans blanc ni altération d'aucune sorte quelle que soit leur forme. Ils doivent être tenus en français et en euro.
Conservation	Les livres doivent être conservés pendant ***10 ans à partir de la clôture de l'exercice dans un lieu accessible*** permettant tout contrôle par l'administration fiscale ou le commissaire aux comptes par exemple.

Attention ! Le livre d'inventaire n'est plus obligatoire depuis 2016. Toutefois, les données d'inventaire doivent être conservées et organisées de manière à justifier le contenu de chacun des postes du bilan.

3 ♦ LES SYSTÈMES COMPTABLES

On distingue deux systèmes comptables généralement informatisés :

– le système classique : système élémentaire ;

– le système centralisateur : système mieux adapté aux besoins spécifiques de chaque entreprise.

A – Le système classique

Le système classique représente l'organisation de base (voir fiche 4).

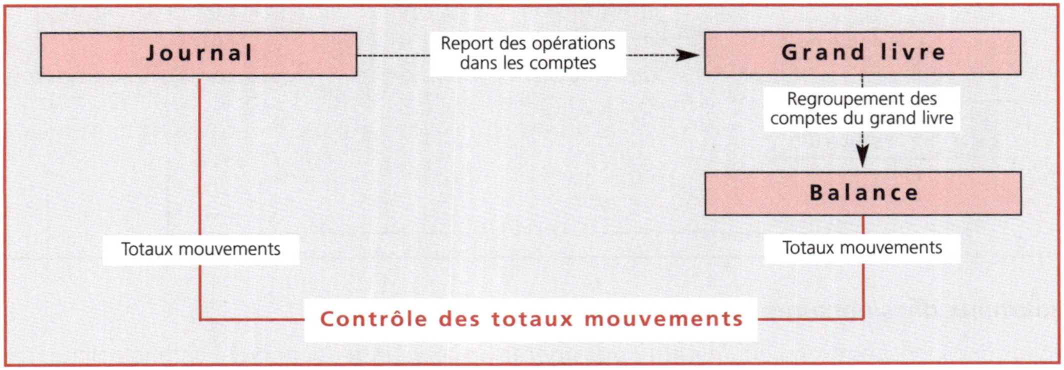

B – Le système classique avec GLA et balances auxiliaires

Le système classique est enrichi en informations avec la création de grands livres auxiliaires (GLA) et de balances auxiliaires (voir fiche 4).

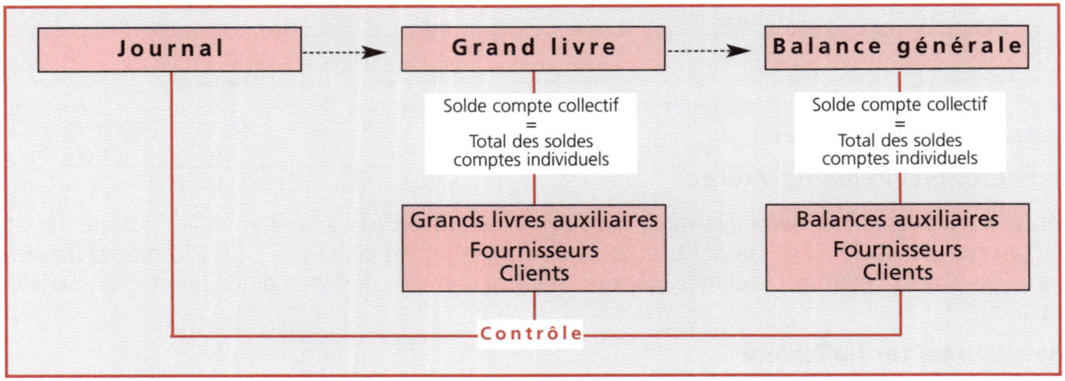

C – Le système centralisateur

Le système centralisateur est l'organisation comptable adoptée par la plupart des entreprises. Le journal unique est ***éclaté en plusieurs journaux***, appelés ***journaux divisionnaires*** (JD) ou journaux auxiliaires (JA), selon les besoins de l'entreprise. ***Le journal garde un rôle centralisateur en fin de mois***.

Son organisation est préentée page suivante :

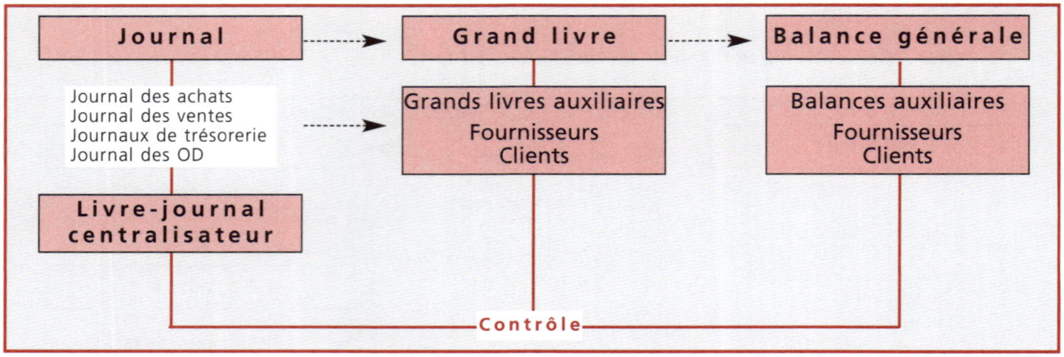

1) Les journaux divisionnaires

Les journaux divisionnaires expriment ***le détail des opérations*** enregistrées par ordre chronologique d'après les pièces comptables, et en partie double. Aucune présentation normalisée n'est imposée.

Chaque journal divisionnaire est ***spécialisé*** dans un type d'opération.

À titre d'exemple, le JD des achats se présente ainsi :

Date	Libellé	Documents		À créditer		À débiter					
				401	765	601	602	607	44566	Divers	
		Nature	N°							Somme	N°

Les opérations ***peu fréquentes*** (salaires, charges sociales, déclarations fiscales...) sont enregistrées dans ***un journal des opérations diverses***.

2) Les comptes de virements internes

Une opération peut concerner ***deux journaux divisionnaires différents***. Afin d'éviter le double enregistrement de cette opération, il y a lieu d'utiliser dans chaque journal le compte de liaison « ***58 Virements internes*** » en contrepartie du ou des comptes concernés (par exemple, un virement de fonds d'un compte banque à un autre compte banque).

3) Le livre-journal centralisateur

Le livre-journal centralisateur est un document comptable ***obligatoire*** qui enregistre à ***chaque fin de mois les totaux de chaque journal divisionnaire***. Il constitue un moyen de preuve en droit au profit de l'entreprise qui l'a tenu régulièrement.

Néanmoins, selon un règlement de l'ANC, les personnes physiques ou morales bénéficiant de la présentation simplifiée des comptes annuels peuvent centraliser leurs écritures comptables trimestriellement.

♦ Application

Le 15/10, l'entreprise Clairoux remet la facture n° 310 à son client JARO : marchandises 1 000 €, TVA 20 %, réglée ce jour par chèque bancaire n° 089.
Elle possède entre autres, un JD des Ventes au comptant et un JD de Banques-recettes.

JD Ventes au comptant

Date	Libellé	Documents		À débiter		À créditer			
								Divers	
		Nature	N°	58	665	707	44571	Somme	N°
15/10	JARO	FA	310	1 200		1 000	200		

JD Banques-recettes

Date	Libellé	Documents		À débiter		À créditer		
							Divers	
		Nature	N°	512	665	58	Somme	N°
15/10	JARO	CH	089	1 200		1 200		

	30/10		
58	Virements internes	1 200,00	
707	Ventes de marchandises		1 000,00
44571	TVA collectée		200,00
	Centralisation du JD des ventes au comptant		
	30/10		
512	Banques	1 200,00	
58	Virements internes		1 200,00
	Centralisation du JD de Banques-recettes		

D – La comptabilité informatisée

Les entreprises ont le choix entre ***plusieurs outils informatiques de gestion*** plus ou moins complexes, selon leur taille, leurs besoins et le niveau d'informatisation souhaité (progiciel traditionnel, progiciel de gestion intégré, fournisseur d'applications hébergées).

La tenue de la comptabilité au moyen de systèmes de traitement informatisés est soumise à des règles relatives :

– ***à la documentation*** concernant les analyses, la programmation et l'exécution des traitements ;

– ***à la garantie*** en matière de preuve et d'intangibilité des enregistrements ;

– ***à la conservation*** des données et des programmes (sauvegarde, archivage) ;

– ***aux informations*** à fournir à l'administration fiscale en cas de contrôle.

D'après l'article 911-4 du PCG : « *L'organisation de la comptabilité tenue au moyen de systèmes informatisés implique l'accès à la documentation relative aux analyses, à la programmation et à l'exécution des traitements, en vue, notamment, de procéder aux tests nécessaires à la vérification des conditions et de conservation des écritures.*

Toute donnée comptable entrée dans le système de traitement est enregistrée, sous une forme intelligible, sur papier ou éventuellement sur tout support offrant toute garantie en matière de preuve ».

En principe, les différentes étapes d'une comptabilité informatisée s'ordonnent comme suit :

Précomptabilisation
des opérations sur des documents internes, tickets comptables ou grilles d'imputation, afin d'éviter les erreurs de traitement comptable lors de la saisie
Saisie
des opérations au brouillard (journaux provisoires)
Validation
mensuelle des écritures comptables pour les rendre définitives
Édition
du journal général (centralisation)
Procédure de clôture
afin de figer les écritures de la période considérée

E – Les téléprocédures

Les téléprocédures permettent aux entreprises de ***déclarer et de payer*** leurs principaux impôts et cotisations sociales en ligne soit par internet, soit par envoi de fichiers.

Les envois sont sécurisés par un ***certificat numérique***.

Le recours aux téléprocédures devient progressivement ***obligatoire*** pour l'ensemble des entreprises.

4 ♦ LES CONTRÔLES COMPTABLES

La comptabilité d'une entreprise doit être vérifiée afin d'en garantir sa ***fiabilité***.

Les contrôles comptables peuvent être effectués ***soit en interne, soit par une personne extérieure*** (contrôleur fiscal, commissaire aux comptes…).

L'essentiel des mesures de contrôle comptable a déjà été étudié dans l'ouvrage.

Citons notamment :

Le contrôle du respect des principes comptables
Le contrôle des comptes : règles de la partie double (D = C)
Le contrôle des pièces justificatives avec les écritures et vice-versa
Le contrôle des existants réels avec les soldes des comptes
Le contrôle de la balance générale et des balances auxiliaires
Le contrôle des comptes de TVA avec la déclaration
Le contrôle du compte « 512 Banques » avec le relevé bancaire
Le contrôle des comptes de virements internes (D = C)
Le contrôle de l'inventaire extra-comptable avec les écritures d'inventaire
Le contrôle de la documentation relative à l'organisation comptable, aux analyses et à la programmation
Le contrôle du résultat : double détermination
...

5 ♦ LA CONSERVATION DES DONNÉES

Les entreprises doivent procéder systématiquement à la ***sauvegarde*** ainsi qu'à l'***archivage*** des données comptables et des programmes, tant pour des raisons de sécurité que pour faire face aux contrôles fiscaux. La sauvegarde et l'archivage sont deux procédures distinctes qu'il ne faut pas confondre.

Sauvegarde des données et des programmes	*Copier* sur un support magnétique les données, les programmes et l'ensemble des fichiers nécessaires à la ***restauration*** du système en cas ***d'incident technique ou de sinistre***.
Archivage des données comptables, des pièces justificatives et des programmes	*Conserver* sur un support sécurisé les pièces justificatives, les enregistrements des périodes antérieures, sans aucune possibilité de modification, et les programmes nécessaires à leur lecture ***pour des besoins de gestion et de contrôle***. Le délai général de conservation est de 6 ans.

6 ♦ LE CONTRÔLE FISCAL

Dans le cadre d'un contrôle fiscal sur place, toutes les entreprises qui tiennent leur comptabilité au moyen d'un système informatisé sont dans l'obligation de remettre aux vérificateurs une copie des ***fichiers des écritures comptables*** (FEC), sous forme dématérialisée pour présenter leur comptabilité. La remise doit s'effectuer au début des opérations de contrôle.

Le FEC contient ***toutes les écritures comptables*** détaillées enregistrées au cours de l'exercice y compris celles d'inventaire et de report à nouveau. Les écritures doivent être classées par ordre chronologique de validation. Les informations minimales à faire figurer dans le FEC dépendent du régime d'imposition de l'entreprise. Par exemple, les contribuables qui relèvent du régime micro (micro-BIC ou micro-BNC) peuvent, sous certaines conditions, remettre au vérificateur un FEC comportant une récapitulation mensuelle des écritures comptables de recettes.

Le FEC doit faire l'objet d'une procédure d'archivage.

Par ailleurs, la loi de finances rectificative pour 2016 à instauré ***une procédure d'examen de comptabilité à distance*** pour les comptabililités informatisées, lorsque l'administration considère qu'il n'est pas nécessaire d'effectuer un contrôle sur place. Elle est réalisée à partir d'une copie du FEC transmise par l'entreprise à l'administration, sous forme dématérialisée. La transmission doit s'effectuer dans un délai de 15 jours suivant la réception de l'avis d'examen de comptabilité.

Le bilan : règles générales d'établissement

FICHE 38

1 ♦ DÉFINITION ET STRUCTURE SIMPLIFIÉE DU BILAN

Le bilan représente la ***situation financière*** de l'entreprise à une date donnée. Il récapitule les ***éléments actifs, les éléments passifs et les capitaux propres***.

Le bilan s'établit à partir des ***soldes des comptes d'actif et des comptes de passif*** de la balance après inventaire.

La structure simplifiée du bilan par rubriques, présentée en tableau, est la suivante :

Actif	Exercice N			Exercice N – 1	Passif	Exercice N	Exercice N – 1
	Brut	Amortissements et Dépréciations (à déduire)	Net				
Capital souscrit-non appelé **Actif immobilisé** Classe 2 : Immobilisations					**Capitaux propres** Comptes 10 à 14		
Total I **Actif circulant** Classe 3 : Stocks Classe 4 : Créances Classe 5 : Comptes financiers					Total I **Provisions** Compte 15		
Total II Charges à répartir sur plusieurs exercices **(III)** Primes de remboursement des emprunts **(IV)**					Total II **Dettes** Compte 16 Classes 4 et 5		
Écarts de conversion Actif **(V)**					Total III Écarts de conversion Passif (IV)		
Total général (I + II + III + IV + V)					Total général (I + II + III + IV)		

Attention ! Les comptes d'actif ont un SD, sauf les comptes d'actif soustractifs « 28 Amortissements des immobilisations ; 29, 39, 49, 59 Dépréciation des … » qui ont un SC ; ces derniers viennent en déduction des comptes concernés pour déterminer leur valeur nette.
Les comptes de passif ont un SC, sauf les comptes « 119 Report à nouveau (SD) » ; « 129 Résultat de l'exercice (perte) » et « 108 Compte de l'exploitant (SD) » qui viennent en déduction des capitaux propres.

2 ♦ LE TABLEAU DE CORRESPONDANCE DES COMPTES EN SYSTÈME DE BASE

A – L'actif

ACTIF	Exercice N			Exercice N – 1
	Brut	Amortissements et dépréciations (à déduire)	Net	Net
Capital souscrit - non appelé	109.			
ACTIF IMMOBILISÉ *(a)*:				
Immobilisations incorporelles :				
Frais d'établissement	201.			
Frais de recherche et de développement	203.			
Concessions, brevets, licences, marques, procédés, logiciels, droits et valeurs similaires	205.			
Fonds commercial (1)	206. 207.			
Autres	208.			
Immobilisations incorporelles en cours	232.			
Avances et acomptes	237.			
Immobilisations corporelles :				
Terrains	211. 212.			
Constructions	213. 214.			
Installations techniques, matériel et outillage industriels	215.			
Autres	218.			
Immobilisations corporelles en cours	231.			
Avances et acomptes	238.			
Immobilisations financières (2) :				
Participations *(b)*	261. 266.			
Créances rattachées à des participations	267. 268.			
Titres immobilisés de l'activité de portefeuille	273.			
Autres titres immobilisés	271. 272. 27682.			
Prêts	274. 27684.			
Autres	275. 2761. 27685. 27688.			
TOTAL I	X	X	X	X

ACTIF CIRCULANT				
Stocks et en-cours *(a)* :				
Matières premières et autres approvisionnements	31. 32.			
En-cours de production [biens et services] *(c)*	33. 34.			
Produits intermédiaires et finis	35.			
Marchandises	37.			
Avances et acomptes versés sur commandes	4091.			
Créances (3) :				
Créances Clients (a) et Comptes rattachés *(d)*	411. 413. 416. 417. 418.			
Autres	4096. 4097. 4098. 425. 4287. 4387. 441. 443D. 444D. 4452. 4456. 44581. 44582. 44583. 44586. 4487. 451D. 455D. 456D (sauf 4562). 458D. 462. 465. 467. 4687. 478D.			
Capital souscrit - appelé, non versé....................................	4562.			
Valeurs mobilières de placement *(e)* :				
Actions propres	502.			
Autres titres	50 (sauf 502. 509.).			
Instruments de trésorerie	52.			
Disponibilités	51D (sauf 5186. 519.). 53. 54.			
Charges constatées d'avance (3)...	486.			
TOTAL II	X	X	X	X
Charges à répartir sur plusieurs exercices **(III)**	481.			
Primes de remboursement des emprunts **(IV)**	169.			
Écarts de conversion Actif **(V)**..	476.			
TOTAL GÉNÉRAL (I + II + III + IV + V)............	X	X	X	X
(1) Dont droit au bail (2) Dont à moins d'un an (brut) (3) Dont à plus d'un an (brut)				

(a) Les actifs avec clause de réserve de propriété sont regroupés sur une ligne distincte portant la mention « dont ... avec clause de réserve de propriété ». En cas d'impossibilité d'identifier les biens, un renvoi au pied du bilan indique le montant restant à payer sur ces biens. Le montant à payer comprend celui des effets non échus.

(b) Si des titres sont évalués par équivalence, ce poste est subdivisé en deux sous-postes « Participations évaluées par équivalence » et « Autres participations ». Pour les titres évalués par équivalence, la colonne « Brut » présente la valeur globale d'équivalence si elle est supérieure au coût d'acquisition. Dans le cas contraire, le prix d'acquisition est retenu. La dépréciation globale du portefeuille figure dans la 2e colonne. La colonne « Net » présente la valeur globale d'équivalence positive ou une valeur nulle.

(c) À ventiler, le cas échéant, entre biens, d'une part, et services d'autre part.

(d) Créances résultant de ventes ou de prestations de services.

(e) Poste à servir directement s'il n'existe pas de rachat par l'entité de ses propres actions.

B – Le passif

PASSIF	Exercice N	Exercice N – 1
CAPITAUX PROPRES *		
Capital [dont versé] *(a)*	101. 108. (dont versé = 1013).	
Primes d'émission, de fusion, d'apport	104.	
Écarts de réévaluation *(b)*	105.	
Écart d'équivalence *(c)*	107.	
Réserves :		
Réserve légale	1061.	
Réserves statutaires ou contractuelles	1063.	
Réserves réglementées	1062. 1064.	
Autres	1068.	
Report à nouveau *(d)*	110. ou 119.	
Résultat de l'exercice [bénéfice ou perte] *(e)*	120. ou 129.	
Subventions d'investissement	13.	
Provisions réglementées	14.	
TOTAL I	X	X
PROVISIONS		
Provisions pour risques	151.	
Provisions pour charges	15 (sauf 151).	
TOTAL II	X	X
DETTES (1) *(g)*		
Emprunts obligataires convertibles	161. 16881.	
Autres emprunts obligataires	163. 16883.	
Emprunts et dettes auprès des établissements de crédit (2)	164. 16884 .512C. 514C. 517C. 5186. 519.	
Emprunts et dettes financières divers (3)	165. 166. 1675. 168 (sauf 16881. 16883. 16884.). 17. 426. 45C (sauf 457).	

Avances et acomptes reçus sur commandes en cours	4191.	
Dettes Fournisseurs et Comptes rattachés *(f)*	401. 403. 4081. 4088 (en partie).	
Dettes fiscales et sociales	421. 422. 424. 427. 4282. 4284. 4286. 43 (sauf 4387). 442. 443C. 444C. 4455. 4457. 44584. 44587. 446. 447. 4482. 4486. 457.	
Dettes sur immobilisations et Comptes rattachés	269. 279. 404. 405. 4084. 4088 (en partie).	
Autres dettes	4196. 4197. 4198. 464. 467C. 4686. 478C. 509	
Instruments de trésorerie	52	
Produits constatés d'avance (1)	487	
TOTAL III		
Écarts de conversion Passif (IV)	477.	
TOTAL GÉNÉRAL (I + II + III + IV)		
(1) Dont à plus d'un an Dont à moins d'un an (2) Dont concours bancaires courants et soldes créditeurs de banques (3) Dont emprunts participatifs		

* Le cas échéant, une rubrique « Autres fonds propres » est intercalée entre la rubrique « Capitaux propres » et la rubrique « Provisions » avec ouverture des postes constitutifs de cette rubrique sur des lignes séparées (montant des émissions de titres participatifs, avances conditionnées...). Un total I *bis* fait apparaître le montant des autres fonds propres entre le total I et le total II du passif du bilan. Le total général est complété en conséquence.

(a) Y compris capital souscrit non appelé.
(b) À détailler conformément à la législation en vigueur.
(c) Poste à présenter lorsque des titres sont évalués par équivalence.
(d) Montant entre parenthèses ou précédé du signe moins (–) lorsqu'il s'agit de pertes reportées.
(e) Montant entre parenthèses ou précédé du signe moins (–) lorsqu'il s'agit d'une perte.
(f) Dettes sur achats ou prestations de services.
(g) À l'exception, pour l'application du (1), des avances et acomptes reçus sur commandes en cours.

Le résultat est calculé par différence entre :

Total actif (colonne Net) – Total passif = Résultat

La double détermination du résultat doit être vérifiée (résultat identique à celui du compte de résultat).

Le bilan peut s'établir en liste.

3 ♦ LE BILAN EN SYSTÈME DÉVELOPPÉ

L'entreprise doit présenter le bilan conformément au système dont elle relève ou au système développé.

Le système développé fournit une ***analyse détaillée des créances et des dettes*** ; elles font l'objet ***d'une ventilation*** entre celles qui sont liées directement à l'exploitation et les autres.

♦ Application

Liste des soldes des comptes d'actif et des comptes de passif de l'entreprise Ti Fanch :

N°	Intitulés	SD	SC
101	*Capital*		*600 000*
1061	*Réserve légale*		*50 000*
1068	*Autres réserves*		*210 000*
164	*Emprunts auprès des établissements de crédit*		*350 000*
211	*Terrains*	*245 000*	
213	*Constructions*	*600 000*	
215	*Matériel industriel*	*224 480*	
2183	*Matériel de bureau et matériel informatique*	*38 450*	
2184	*Mobilier*	*45 410*	
2813	*Amortissements des constructions*		*200 200*
2815	*Amortissements du matériel industriel*		*180 135*
28183	*Amortissements du matériel de bureau et matériel informatique*		*37 000*
28184	*Amortissements du mobilier*		*42 806*
370	*Stocks de marchandises*	*92 264*	
401	*Fournisseurs*		*145 340*
403	*Fournisseurs – Effets à payer*		*23 205*
411	*Clients*	*649 696*	
413	*Clients – Effets à recevoir*	*135 520*	
416	*Clients douteux ou litigieux*	*154 180*	
421	*Personnel – Rémunérations dues*		*125 400*
431	*Sécurité sociale*		*36 248*
437	*Autres organismes sociaux*		*12 586*
44551	*TVA à décaisser*		*23 325*
486	*Charges constatées d'avance*	*6 345*	
487	*Produits constatés d'avance*		*10 353*
491	*Dépréciations des comptes clients*		*131 000*
503	*Actions*	*281 200*	
512	*Banques*	*37 875*	
530	*Caisse*	*13 021*	
5903	*Dépréciations des actions*		*2 000*

Immobilisations corporelles :
Autres (brut) : 38 450 + 45 410 = 83 860 €
Autres (amortissements) : 37 000 + 42 806 = 79 806 €

Créances clients et comptes rattachés : 649 696 + 135 520 + 154 180 = 939 396 €

Disponibilités : 37 875 + 13 021 = 50 896 €

Art. 821 – 1 Modèle de bilan (en tableau) *(système de base)*

ACTIF	Exercice N			Exercice N – 1
	Brut	Amortissements et dépréciations (à déduire)	Net	Net
Capital souscrit - non appelé				
ACTIF IMMOBILISÉ *(a)*:				
Immobilisations incorporelles :				
Frais d'établissement				
Frais de recherche et de développement				
Concessions, brevets, licences, marques, procédés, logiciels, droits et valeurs similaires				
Fonds commercial (1)				
Autres				
Immobilisations incorporelles en cours				
Avances et acomptes				
Immobilisations corporelles :				
Terrains	245 000		245 000	
Constructions	600 000	200 200	399 800	
Installations techniques, matériel et outillage industriels	224 480	180 135	44 345	
Autres	83 860	79 806	4 054	
Immobilisations corporelles en cours				
Avances et acomptes				
Immobilisations financières (2) :				
Participations *(b)*				
Créances rattachées à des participations				
Titres immobilisés de l'activité de portefeuille				
Autres titres immobilisés				
Prêts				
Autres				
TOTAL I	1 153 340	460 141	693 199	

ACTIF CIRCULANT				
Stocks et en-cours *(a)* :				
Matières premières et autres approvisionnements				
En-cours de production [biens et services] *(c)*				
Produits intermédiaires et finis				
Marchandises	92 264		92 264	
Avances et acomptes versés sur commandes				
Créances (3) :				
Créances Clients (a) et Comptes rattachés *(d)*	939 396	131 000	808 396	
Autres				
Capital souscrit - appelé, non versé				
Valeurs mobilières de placement *(e)* :				
Actions propres				
Autres titres	281 200	2 000	279 200	
Instruments de trésorerie				
Disponibilités	50 896		50 896	
Charges constatées d'avance (3)	6 345		6 345	
TOTAL II	1 370 101	133 000	1 237 101	
Charges à répartir sur plusieurs exercices **(III)**				
Primes de remboursement des emprunts **(IV)**				
Écarts de conversion Actif **(V)**				
TOTAL GÉNÉRAL (I + II + III + IV + V)	2 523 441	593 141	1 930 300	
(1) Dont droit au bail (2) Dont à moins d'un an (brut) (3) Dont à plus d'un an (brut)				

(a) Les actifs avec clause de réserve de propriété sont regroupés sur une ligne distincte portant la mention « dont ... avec clause de réserve de propriété ». En cas d'impossibilité d'identifier les biens, un renvoi au pied du bilan indique le montant restant à payer sur ces biens. Le montant à payer comprend celui des effets non échus.

(b) Si des titres sont évalués par équivalence, ce poste est subdivisé en deux sous-postes « Participations évaluées par équivalence » et « Autres participations ». Pour les titres évalués par équivalence, la colonne « Brut » présente la valeur globale d'équivalence si elle est supérieure au coût d'acquisition. Dans le cas contraire, le prix d'acquisition est retenu. La dépréciation globale du portefeuille figure dans la 2e colonne. La colonne « Net » présente la valeur globale d'équivalence positive ou une valeur nulle.

(c) À ventiler, le cas échéant, entre biens, d'une part, et services d'autre part.

(d) Créances résultant de ventes ou de prestations de services.

(e) Poste à servir directement s'il n'existe pas de rachat par l'entité de ses propres actions.

Dettes fournisseurs et comptes rattachés : 145 340 + 23 205 = 168 545 €

Dettes fiscales et sociales : 125 400 + 36 248 + 12 586 + 23 325 = 197 559 €

Résultat : Total actif (1 930 300) – Total passif provisoire (1 586 457) = 343 843 €

La double détermination sera vérifiée avec le résultat calculé dans le compte de résultat (voir fiche 39).

Art. 821 – 1 *(suite)* **Modèle de bilan (en tableau)** *(système de base)*

PASSIF	Exercice N	Exercice N – 1
CAPITAUX PROPRES *		
Capital [dont versé] *(a)*	600 000	
Primes d'émission, de fusion, d'apport		
Écarts de réévaluation *(b)*		
Écart d'équivalence *(c)*		
Réserves :		
Réserve légale	50 000	
Réserves statutaires ou contractuelles		
Réserves réglementées		
Autres	210 000	
Report à nouveau *(d)*		
Résultat de l'exercice [bénéfice ou perte] *(e)*	343 843	
Subventions d'investissement		
Provisions réglementées		
TOTAL I	1 203 843	
PROVISIONS		
Provisions pour risques		
Provisions pour charges		
TOTAL II		
DETTES (1) *(g)*		
Emprunts obligataires convertibles		
Autres emprunts obligataires		
Emprunts et dettes auprès des établissements de crédit (2)	350 000	
Emprunts et dettes financières divers (3)		

Avances et acomptes reçus sur commandes en cours		
Dettes Fournisseurs et Comptes rattachés *(f)*	168 545	
Dettes fiscales et sociales	197 559	
Dettes sur immobilisations et Comptes rattachés[1]		
Autres dettes		
Instruments de trésorerie		
Produits constatés d'avance (1)	10 353	
TOTAL III	726 457	
Écarts de conversion Passif (IV)		
TOTAL GÉNÉRAL (I + II + III + IV)	1 930 300	
(1) Dont à plus d'un an Dont à moins d'un an (2) Dont concours bancaires courants et soldes créditeurs de banques (3) Dont emprunts participatifs		

* Le cas échéant, une rubrique « Autres fonds propres » est intercalée entre la rubrique « Capitaux propres » et la rubrique « Provisions » avec ouverture des postes constitutifs de cette rubrique sur des lignes séparées (montant des émissions de titres participatifs, avances conditionnées...). Un total I *bis* fait apparaître le montant des autres fonds propres entre le total I et le total II du passif du bilan. Le total général est complété en conséquence.

(a) Y compris capital souscrit non appelé.
(b) À détailler conformément à la législation en vigueur.
(c) Poste à présenter lorsque des titres sont évalués par équivalence.
(d) Montant entre parenthèses ou précédé du signe moins (–) lorsqu'il s'agit de pertes reportées.
(e) Montant entre parenthèses ou précédé du signe moins (–) lorsqu'il s'agit d'une perte.
(f) Dettes sur achats ou prestations de services.
(g) À l'exception, pour l'application du (1), des avances et acomptes reçus sur commandes en cours.

Attention ! Rappelons que les petites entreprises (y compris les micro-entreprises) au sens comptable peuvent désormais présenter un bilan et un compte de résultat simplifiés.

Le compte de résultat : règles générales d'établissement

FICHE 39

1 ♦ DÉFINITION ET STRUCTURE SIMPLIFIÉE DU COMPTE DE RÉSULTAT

Le compte de résultat décrit l'***activité*** ou l'***exploitation*** de l'entreprise pour une période donnée. Il récapitule les charges et les produits de l'exercice ; leur solde constitue le résultat de l'exercice. Il s'établit à partir des soldes des comptes de charges et de produits de la balance après inventaire.

La structure simplifiée du compte de résultat par rubriques, présentée en tableau, est la suivante :

Charges	Exercice N	Produits	Exercice N
Charges d'exploitation Comptes 60 – 609 Comptes 603 (+ ou –) Comptes (61 – 619) et (62 – 629) Comptes 63 + 64 + 65 + 681		**Produits d'exploitation** Comptes 707 – 7097 Comptes (701 à 706 – 7091 à 7096) et (708 – 7098) Comptes 713 (+ ou –) Comptes 72 + 74 + 75 + 781 et 791	
Total I		Total I	
Quotes-parts de résultat sur opérations faites en commun (II) Compte 655 **Charges financières** Comptes 66 + 686		**Quotes-parts de résultat sur opérations faites en commun (II)** Compte 755 **Produits financiers** Comptes 76 + 786 et 796	
Total III		Total III	
Charges exceptionnelles Comptes 67 + 687		**Produits exceptionnels** Comptes 77 + 787 et 797	
Total IV		Total IV	
Participation des salariés (V)			
Impôts sur les bénéfices (VI) Compte 655			
Total des charges		Total des produits	
Solde créditeur = bénéfice		Solde débiteur = perte	
TOTAL GÉNÉRAL		TOTAL GÉNÉRAL	

Attention ! Les comptes de charges ont un SD, sauf les comptes « 603 Variations des stocks (approvisionnements et marchandises) » qui peuvent avoir un SC ; ils sont alors précédés du signe – ou mis entre ( ).
Les comptes de produits ont un SC, sauf les comptes « 713 Variations des stocks (en-cours de production, produits) » qui peuvent avoir un SD ; ils sont alors précédés du signe – ou mis entre ( ).

2 ♦ LE TABLEAU DE CORRESPONDANCE DES COMPTES EN SYSTÈME DE BASE

A – Les charges

Charges (hors taxes)	Exercice N	Exercice N – 1
Charges d'exploitation (1) :		
Achats de marchandises ***(a)***	607.(– 6097).	
Variation des stocks ***(b)***	6037.	
Achats de matières premières et autres approvisionnements ***(a)***	601.(– 6091) 602.(– 6092) 6081.6082.	
Variation des stocks ***(b)***	6031.6032.	
Autres achats et charges externes *	604 à 606.(– 609.) 61.(– 619) 62.(– 629)	
Impôts, taxes et versements assimilés	63.	
Salaires et traitements	641.644.648.	
Charges sociales	645.646.647.	
Dotations aux amortissements et dépréciations :		
Sur immobilisations : dotations aux amortissements ***(c)***	6811.6812.	
Sur immobilisations : dotations aux dépréciations	6816.	
Sur actif circulant : dotations aux dépréciations	6817.	
Dotations aux provisions	6815.	
Autres charges	65 (sauf 655).	
TOTAL I	x	x
Quotes-parts de résultat sur opérations faites en commun (II)	655	
Charges financières :		
Dotations aux amortissements, dépréciations et provisions	686.	
Intérêts et charges assimilées (2)	66 (sauf 666.667).	
Différences négatives de change	666.	
Charges nettes sur cessions de valeurs mobilières de placement	667.	
TOTAL III	x	x
Charges exceptionnelles :		
Sur opérations de gestion	671.	
Sur opérations en capital	675.678.	
Dotations aux amortissements, dépréciations et provisions	687.	
TOTAL IV	x	x
Participation des salariés aux résultats (V)	691.	
Impôts sur les bénéfices (VI)	695.689.698.699.	
Total des charges (I + II + III + IV + V + VI)	x	x
Solde créditeur = **bénéfice** (3)	x	x
TOTAL GÉNÉRAL	x	x
* Y compris :		
– redevances de crédit-bail mobilier	6122.	
– redevances de crédit-bail immobilier	6125.	

(1) Dont charges afférentes à des exercices antérieurs. Les conséquences des corrections d'erreurs significatives, calculées après impôt, sont présentées sur une ligne séparée sauf s'il s'agit de corriger une écriture ayant été directement imputée sur les capitaux propres
(2) Dont intérêts concernant les entités liées
(3) Compte tenu d'un résultat exceptionnel avant impôts de

(a) Y compris droits de douane. ***(b)*** Stock initial moins stock final : montant de la variation en moins entre parenthèse ou précédé du signe (–). ***(c)*** Y compris éventuellement dotations aux amortissements des charges à répartir.

B – Les produits

Produits (hors taxes)	Exercice N	Exercice N – 1
Produits d'exploitation (1) :		
Ventes de marchandises	707.(– 7097).708 (en partie)	
Production vendue [biens et services] ***(a)***	701. à 706.(– 7091 à 7096) 708 (en partie)	
Sous-total A – Montant net du chiffre d'affaires	x	x
dont à l'exportation		
Production stockée ***(b)***	713.	
Production immobilisée	72.	
Subventions d'exploitation	74.	
Reprises sur dépréciations, provisions (et amortissements), transferts decharges	781.791.	
Autres produits	75 (sauf 755).	
Sous-total B	x	x
TOTAL I (A + B)	x	x
Quotes-parts de résultat sur opérations faites en commun (II)	755	
Produits financiers :		
De participation (2)	761.	
D'autres valeurs mobilières et créances de l'actif immobilisé (2)	762.	
Autres intérêts et produits assimilés (2)	763.764.765.768.	
Reprises sur dépréciations et provisions, transferts de charges	786.796.	
Différences positives de change	766.	
Produits nets sur cessions de valeurs mobilières de placement	767.	
TOTAL III	x	x
Produits exceptionnels :		
Sur opérations de gestion	771.	
Sur opérations en capital	775.777.778.	
Reprises sur dépréciations et provisions, transferts de charges	787.797.	
TOTAL IV	x	x
Total des produits (I + II + III + IV)	x	x
Solde débiteur = **perte** (3)	x	x
TOTAL GÉNÉRAL	x	x

(1) Dont produits afférents à des exercices antérieurs. Les conséquences des corrections d'erreurs significatives, calculées après impôt, sont présentées sur une ligne séparée sauf s'il s'agit de corriger une écriture ayant été directement imputée sur les capitaux propres
(2) Dont produits concernant les entités liées
(3) Compte tenu d'un résultat exceptionnel avant impôts de

(a) À inscrire, le cas échéant, sur des lignes distinctes. ***(b)*** Stock final moins stock initial : montant de la variation en moins entre parenthèses ou précédé du signe (–).

Le résultat est calculé par différence entre :

Total des produits – Total des charges = Résultat

La double détermination du résultat doit être vérifiée (résultat identique à celui du bilan).

Le compte de résultat peut s'établir en liste.

3 ♦ LE COMPTE DE RÉSULTAT EN SYSTÈME DÉVELOPPÉ

L'entreprise doit présenter le compte de résultat conformément au système dont elle relève ou au système développé.

Le système développé fournit une analyse détaillée des charges et des produits.

Deux colonnes de montants « N » sont prévues, afin de dégager des totaux partiels tel que :

– le coût d'achat des marchandises vendues dans l'exercice ;

– la consommation de l'exercice en provenance des tiers ;

– la production.

♦ Application

Liste des soldes des comptes de charges et de produits de l'entreprise Ti Fanch :

N°	Intitulés	SD	SC
607	*Achats de marchandises*	*770 000*	
6037	*Variation des stocks de marchandises*		*15 334*
6097	*RRR obtenus sur achats de marchandises*		*20 255*
615	*Entretien et réparations*	*61 177*	
616	*Primes d'assurances*	*69 800*	
626	*Frais postaux et de télécommunications*	*46 855*	
627	*Services bancaires et assimilés*	*7 545*	
6351	*Impôts directs (sauf impôts sur les bénéfices)*	*85 650*	
641	*Rémunérations du personnel*	*1 120 000*	
645	*Charges de sécurité sociale et de prévoyance*	*652 834*	
661	*Charges d'intérêts*	*33 000*	
665	*Escomptes accordés*	*58 000*	
675	*Valeurs comptables des éléments d'actif cédés*	*20 000*	
68112	*Dotations aux amortissements – Immobilisations corporelles*	*74 200*	
6817	*Dotations aux dépréciations des actifs circulants*	*33 000*	
6866	*Dotations aux dépréciations des éléments financiers*	*500*	
707	*Ventes de marchandises*		*3 331 070*
7097	*RRR accordés par l'entreprise sur ventes de marchandises*	*45 000*	
764	*Revenus des VMP*		*14 245*
765	*Escomptes obtenus*		*10 500*
775	*Produits de cessions d'éléments d'actif*		*30 000*

Achats nets de marchandises : 770 000 – 20 255 = 749 745 €
Autres achats et charges externes : 61 177 + 69 800 + 46 855 + 7 545 = 185 377 €
Intérêts et charges assimilés : 33 000 + 58 000 = 91 000 €
Ventes nettes de marchandises : 3 331 070 – 45 000 = 3 286 070 €
Autres intérêts et produits assimilés : 14 245 + 10 500 = 24 745 €
Résultat : total des produits (3 340 815) – Total des charges (2 996 972) = 343 843 €
La double détermination se vérifie : le résultat est identique à celui du bilan (voir fiche 38).

Art. 821-3 Modèle de compte de résultat (en tableau) *(système de base)*

Charges (hors taxes)	Exercice N	Exercice N – 1
Charges d'exploitation (1) :		
Achats de marchandises ***(a)***	749 745	
Variation des stocks ***(b)***	– 15 334	
Achats de matières premières et autres approvisionnements ***(a)***		
Variation des stocks ***(b)***		
Autres achats et charges externes *	185 377	
Impôts, taxes et versements assimilés	85 650	
Salaires et traitements	1 120 000	
Charges sociales	652 834	
Dotations aux amortissements et dépréciations :		
Sur immobilisations : dotations aux amortissements ***(c)***	74 200	
Sur immobilisations : dotations aux dépréciations		
Sur actif circulant : dotations aux dépréciations	33 000	
Dotations aux provisions		
Autres charges		
TOTAL I	2 885 472	
Quotes-parts de résultat sur opérations faites en commun (II)		
Charges financières :		
Dotations aux amortissements, dépréciations et provisions	500	
Intérêts et charges assimilées (2)	91 000	
Différences négatives de change		
Charges nettes sur cessions de valeurs mobilières de placement		
TOTAL II	91 500	

Charges exceptionnelles : Sur opérations de gestion Sur opérations en capital Dotations aux amortissements, dépréciations et provisions	20 000	
TOTAL IV	20 000	
Participation des salariés aux résultats (V)		
Impôts sur les bénéfices (VI)		
Total des charges (I + II + III + IV + V + VI)	2 996 972	
Solde créditeur = **bénéfice** (3)	343 843	
TOTAL GÉNÉRAL	3 340 815	
* Y compris : – redevances de crédit-bail mobilier – redevances de crédit-bail immobilier		

(1) Dont charges afférentes à des exercices antérieurs. Les conséquences des corrections d'erreurs significatives, calculées après impôt, sont présentées sur une ligne séparée sauf s'il s'agit de corriger une écriture ayant été directement imputée sur les capitaux propres
(2) Dont intérêts concernant les entités liées
(3) Compte tenu d'un résultat exceptionnel avant impôts de

(a) Y compris droits de douane.
(b) Stock initial moins stock final : montant de la variation en moins entre parenthèse ou précédé du signe (–).
(c) Y compris éventuellement dotations aux amortissements des charges à répartir.

Art. 821-3 *(suite)* Modèle de compte de résultat (en tableau) *(système de base)*

Produits (hors taxes)	Exercice N	Exercice N – 1
Produits d'exploitation (1) : Ventes de marchandises Production vendue [biens et service] ***(a)***	3 286 070	
Sous-total A – Montant net du chiffre d'affaires	3 286 070	
dont à l'exportation		

Production stockée ***(b)*** Production immobilisée Subventions d'exploitation Reprises sur dépréciations, provisions (et amortissements), transferts de charges. Autres produits		
Sous-total B		
TOTAL I (A + B)	3 286 070	
Quotes-parts de résultat sur opérations faites en commun (II)		
Produits financiers : De participation (2) D'autres valeurs mobilières et créances de l'actif immobilisé (2) Autres intérêts et produits assimilés (2) Reprises sur dépréciations et provisions, transferts de charges Différences positives de change Produits nets sur cessions de valeurs mobilières de placement	24 745	
TOTAL III	24 745	
Produits exceptionnels : Sur opérations de gestion Sur opérations en capital Reprises sur dépréciations et provisions, transferts de charges	30 000	
TOTAL IV	30 000	
Total des produits (I + II + III + IV)	3 340 815	
Solde débiteur = **perte** (3)		
TOTAL GÉNÉRAL	3 340 815	

(1) Dont produits afférents à des exercices antérieurs. Les conséquences des corrections d'erreurs significatives, calculées après impôt, sont présentées sur une ligne séparée sauf s'il s'agit de corriger une écriture ayant été directement imputée sur les capitaux propres
(2) Dont produits concernant les entités liées
(3) Compte tenu d'un résultat exceptionnel avant impôts de

(a) À inscrire, le cas échéant, sur des lignes distinctes.
(b) Stock final moins stock initial : montant de la variation en moins entre parenthèses ou précédé du signe (–).

L'annexe : règles générales d'établissement

FICHE 40

1 ♦ GÉNÉRALITÉS

L'annexe est un état comptable fournissant des informations nécessaires à la ***compréhension*** du bilan et du compte de résultat. Elle complète et commente l'information donnée par le bilan et le compte de résultat.

L'annexe comporte toutes les informations d'importance ***significative*** destinées à compléter et à commenter celles données par le bilan et par le compte de résultat. Une inscription dans l'annexe ne peut pas se substituer à une inscription dans le bilan et le compte de résultat. Le Plan comptable général préconise pour certaines informations ***l'utilisation de tableaux*** sachant qu'ils ne dispensent pas de commentaires significatifs.

Dans le cadre de la transposition de la directive comptable unique, de nouvelles mesures relatives notamment aux informations à mentionner dans l'annexe ont été introduites dans le PCG pour les exercices ouverts depuis le 1er janvier 2016.

Les informations de l'annexe sont désormais structurées dans le PCG en fonction de 5 catégories d'entreprises :

Catégorie d'entreprise	Modèle d'annexe fixé par l'ANC
Personnes morales relevant du régime réel simplifié d'imposition	***Annexe abrégée*** : Articles 831-1 et 831-2 du PCG. Les informations sont présentées sous forme de tableaux
Personnes morales, petites entreprises au sens comptable, bénéficiant du régime simplifié de présentation des comptes	***Annexe simplifiée*** : Articles 832-1 à 832-20 du PCG
Autres personnes morales	***Annexe de base ou développée*** : Articles 833-1 à 833-20 du PCG
Personnes physiques, petites entreprises au sens comptable, bénéficiant du régime simplifié de présentation des comptes	***Annexe simplifiée*** avec exemption de certaines informations, Articles 834-1 à 834-15 du PCG
Autres personnes physiques	***Annexe de base*** avec exemption de certaines informations, Articles 835-1 à 835-19 du PCG

2 ♦ LA PRÉSENTATION DES TABLEAUX EN SYSTÈME DE BASE

Le PCG préconise pour certaines informations l'utilisation de tableaux sachant qu'ils ne dispensent pas de commentaires significatifs.

En système de base, il existe ***sept tableaux*** :

– Tableau des immobilisations (art. 841-1) ;
– Tableau des amortissements (art. 841-2) ;
– Tableau des dépréciations (art. 841-3) ;
– Tableau des provisions (art. 841-4) ;
– État des échéances des créances et des dettes à la clôture de l'exercice (art. 841-5) ;
– Tableau des filiales et participations (art. 841-6) ;
– Tableau du portefeuille des titres immobilisés de l'activité portefeuillle – TIAP (art. 841-7).

A – Le tableau des immobilisations

Situations et mouvements (b) / Rubriques (a)	A	B	C	D
	Valeur brute à l'ouverture de l'exercice	Augmentations	Diminutions	Valeur brute à la clôture de l'exercice (c)
Immobilisations incorporelles .... Immobilisations corporelles .... Immobilisations financières				
Total				

(a) À développer si nécessaire selon la nomenclature des postes du bilan. Lorsqu'il existe des frais d'établissement, ils doivent faire l'objet d'une ligne séparée. *(b)* Les entités subdivisent les colonnes pour autant que de besoin [cf. ci-dessous développement des colonnes B (augmentations) et C (diminutions)].
(c) La valeur brute à la clôture de l'exercice est la somme algébrique des colonnes précédentes (A + B – C = D).

B – Le tableau des amortissements

Situations et mouvements (b) / Rubriques (a)	A	B	C	D
	Amortissements cumulés au début de l'exercice	Augmentations Dotations de l'exercice	Diminutions d'amortissements de l'exercice	Amortissements cumulés à la fin de l'exercice (c)
Immobilisations incorporelles .... Immobilisations corporelles .... Immobilisations financières				
Total				

(a) À développer si nécessaire selon la même nomenclature que celle du tableau des immobilisations.
(b) Les entités subdivisent les colonnes pour autant que de besoin [cf. ci-dessous développement des colonnes B (augmentations) et C (diminutions)].
(c) Les amortissements cumulés à la fin de l'exercice sont égaux à la somme algébrique des colonnes précédentes (A + B – C = D).

C – Le tableau des dépréciations

Situations et mouvements (b) / Rubriques (a)	A	B	C	D
	Dépréciations au début de l'exercice	Augmentations Dotations de l'exercice	Diminutions Reprises de l'exercice	Dépréciations à la fin de l'exercice (c)
Immobilisations incorporelles .... Immobilisations corporelles .... Immobilisations financières .... Stocks .... Créances .... Valeurs mobilières de placement.........				
Total				

(a) À développer si nécessaire.
(b) Les entités subdivisent les colonnes pour autant que de besoin.
(c) Le montant des dépréciations à la fin de l'exercice est égal à la somme algébrique des colonnes précédentes (A + B – C = D).

D – Le tableau des provisions

Situations et mouvements (b) / Rubriques (a)	A	B	C		D
			Diminutions		
	Dépréciations au début de l'exercice	Augmentations Dotations de l'exercice	Montants utilisés au cours de l'exercice	Montants non utilisés repris au cours de l'exercice	Provisions à la fin de l'exercice (c)
Provisions réglementées .... Provisions pour risques............ Provisions pour charges...........					
Total.......................................					

(a) À développer si nécessaire (le cas échéant, il convient de mettre en évidence entre autres les provisions pour pensions et obligations similaires, les provisions pour impôts, les provisions pour renouvellement des immobilisations concédées…).
(b) Les entités subdivisent les colonnes pour autant que de besoin [cf. ci-dessous développement des colonnes B (augmentations) et C (diminutions)].
(c) Le montant des provisions à la fin de l'exercice est égal à la somme algébrique des colonnes précédentes (A + B – C = D).

E – L'état des échéances des créances et des dettes à la clôture de l'exercice

Créances (a)	Montant brut	Liquidité de l'actif	
		Échéances à 1 an au plus	Échéances à plus 1 an
Créances de l'actif immobilisé : Créances rattachées à des participations Prêts (1) Autres **Créances de l'actif circulant** : Créances Clients et Comptes rattachés Autres Capital souscrit – appelé, non versé Charges constatées d'avance			
Total			
(1) Prêts accordés en cours d'exercice Prêts récupérés en cours d'exercice			

(a) Non compris les avances et acomptes versés sur commandes en cours.

Dettes (b)	Montant brut	Degré d'exigibilité du passif		
		Échéances à 1 an au plus	Échéances à plus 1 an	Échéances à plus 5 ans
Emprunts obligataires convertibles (2) Autres emprunts obligataires (2) Emprunts (2) et dettes auprès des établissements de crédit dont: – à 2 ans au maximum à l'origine – à plus de 2 ans à l'origine Emprunts et dettes financières divers (2) (3) Dettes Fournisseurs et Comptes rattachés Dettes fiscales et sociales Dettes sur immobilisations et Comptes rattachés Autres dettes (3) Produits constatés d'avance				
Total				
(2) Emprunts souscrits en cours d'exercice Emprunts remboursés en cours d'exercice (3) Dont..... envers les associés (indication du poste concerné....				

(b) Non compris les avances et acomptes reçus sur commandes en cours.

F – Le tableau des filiales et participations

Informations financières (5) / Filiales et participations (1)	Capital (6)	Réserves et report à nouveau avant affectation des résultats (6) (10)	Quote-part du capital détenue (en pourcentage)	Valeurs comptables des titres détenus (7) (8)		Prêts et avances consentis par la société et non encore remboursés (7) (9)	Montant des cautions et avals donnés par la société (7)	Chiffre d'affaires hors taxes du dernier exercice écoulé (7) (10)	Résultats (bénéfice ou perte du dernier exercice clos) (7) (10)	Dividendes encaissés par la société au cours de l'exercice (7)	Observations
				Brute	Nette						
A. Renseignements détaillés concernant les filiales et les participations ci-dessous (2) (3). 1. Filiales (à détailler) .... (+ de 50 % du capital détenu par la société). 2. Participations (à détailler) .... (10 à 50 % du capital détenu par la société).											
B. Renseignements globaux concernant les autres filiales ou participations 1. Filiales non reprises au § A. a. Filiales françaises (ensemble) .... b. Filiales étrangères (ensemble) (4) .... 2. Participations non reprises au § A a. Dans les sociétés françaises (ensemble) .... b. Dans les sociétés étrangères (ensemble)											

(1) Pour chacune des filiales et des entités avec lesquelles la société a un lien de participation, indiquer s'il y a lieu le numéro d'identification national (numéro SIREN).

(2) Dont la valeur d'inventaire excède un certain pourcentage (déterminé par la réglementation) du capital de la société astreinte à la publication. Lorsque la société a annexé à son bilan, un bilan des comptes consolidés conformément à la réglementation, cette société ne donne des renseignements que globalement (§ B) en distinguant (a) filiales françaises (ensemble) et (b) filiales étrangères (ensemble).

(3) Pour chaque filiale et entité avec laquelle la société a un lien de participation indiquer la dénomination et le siège social.

(4) Les filiales et participations étrangères qui, par suite d'une dérogation, ne seraient pas inscrites au § A sont inscrites sous ces rubriques.

(5) Mentionner au pied du tableau la parité entre l'euro et les autres devises.

(6) Dans la monnaie locale d'opération.

(7) En euros

(8) Si le montant inscrit a été réévalué, indiquer le montant de l'écart de réévaluation dans la colonne Observations.

(9) Mentionner dans cette colonne le total des prêts et avances (sous déduction des remboursements) à la clôture de l'exercice et, dans la colonne Observations, les provisions constituées le cas échéant.

(10) S'il s'agit d'un exercice dont la clôture ne coïncide pas avec celle de l'exercice de la société, le préciser dans la colonne Observa-

G – Le tableau du portefeuille des TIAP

Valeur estimative du portefeuille de TIAP

Exercice / Décomposition	Montant à l'ouverture de l'exercice			Montant à la clôture de l'exercice		
	Valeur comptable brute	Valeur comptable nette	Valeur estimative	Valeur comptable brute	Valeur comptable nette	Valeur estimative
Fractions du portefeuille évaluées : – au coût de revient .... – au cours de bourse .... – d'après la situation nette.......... – d'après la situation nette réestimée .... – d'après une valeur de rendement ou de rentabilité...... – d'après d'autres méthodes à préciser)						
Valeur estimative du portefeuille..........................						

Variation de la valeur du portefeuille de TIAP

Valeur du portefeuille / Mouvements de l'exercice	Valeur comptable nette	Valeur estimative
Montant à l'ouverture de l'exercice		
Acquisition de l'exercice		
Cession de l'exercice (en prix de vente)		
Reprises de dépréciations sur titres cédés		
Plus-values sur cessions de titres :		
– détenus au début de l'exercice		
– acquis dans l'exercice		
Variation de la dépréciation du portefeuille		
Autres variations de plus-values latentes :		
– sur titres acquis dans l'exercice		
– sur titres acquis antérieurement..		
Autres mouvements comptables (à préciser)		
Montant à la clôture de l'exercice		

3 ♦ L'ANNEXE EN SYSTÈME DÉVELOPPÉ

Le système développé prévoit ***trois tableaux supplémentaires***, étudiés dans les fiches suivantes, qui permettent l'analyse des comptes annuels :

– Tableau des soldes intermédiaires de gestion (art. 842-1 : voir fiche 41) ;

– Détermination de la capacité d'autofinancement (art. 842-2 : voir fiche 42) ;

– Modèle de tableau des emplois et des ressources (art. 842-3 : voir fiche 43).

♦ Application

La société Besnard vous communique des informations comptables afin d'étudier l'évolution des différents comptes d'immobilisations et d'amortissements entre l'ouverture et la clôture de l'exercice N.

Actif	Exercice N			Exercice N – 1
	Brut	Amortissements et dépréciations (à déduire)	Net	Net
ACTIF IMMOBILISÉ :				
Immobilisations incorporelles	101 000		101 000	101 000
Immobilisations corporelles	630 000	220 000	410 000	439 000
Immobilisations financières	42 000		42 000	42 000
TOTAL I	773 000	220 000	553 000	582 000

Le montant des amortissements cumulés des immobilisations corporelles au 31 décembre N – 1 s'élevait à 145 000 €. Les opérations réalisées au cours de l'exercice sont les suivantes :

– un terrain a été acquis pour 60 000 € ;

– du matériel informatique totalement amorti a été mis hors service ; prix d'acquisition 10 000 € ;

– un outillage acquis 4 000 €, amorti pour 1 500 € a été cédé 2 800 € HT.

Tableau des immobilisations

Rubriques (a) / Situations et mouvements (b)	A Valeur brute à l'ouverture de l'exercice	B Augmentations	C Diminutions	D Valeur brute à la clôture de l'exercice (c)
Immobilisations incorporelles	101 000	—	—	101 000
Immobilisations corporelles	584 000	60 000	14 000	630 000
Immobilisations financières	42 000	—	—	42 000
Total	727 000	60 000	14 000	773 000

(a) À développer si nécessaire selon la nomenclature des postes du bilan. Lorsqu'il existe des frais d'établissement, ils doivent faire l'objet d'une ligne séparée.
(b) Les entités subdivisent les colonnes pour autant que de besoin [cf. ci-dessous développement des colonnes B (augmentations) et C (diminutions)].
(c) La valeur brute à la clôture de l'exercice est la somme algébrique des colonnes précédentes (A + B – C = D).

Immobilisations corporelles :

B = Acquisition du terrain : 60 000
C = Annulation du matériel informatique et de l'outillage : 10 000 + 4 000 = 14 000
D = Valeur brute au bilan exercice N : 630 000
A = Valeur brute au bilan exercice N – 1 = **D + C – B** : 584 000 = 630 000 +14 000 – 60 000

Art. 832-2 Tableau des amortissements

Rubriques (a) / Situations et mouvements (b)	A Amortissements cumulés au début de l'exercice	B Augmentations Dotations de l'exercice	C Diminutions d'amortissements de l'exercice	D Amortissements cumulés à la fin de l'exercice (c)
Immobilisations incorporelles	—	—	—	—
Immobilisations corporelles	145 000	86 500	11 500	220 000
Immobilisations financières	—	—	—	—
Total	145 000	86 500	11 500	220 000

(a) À développer si nécessaire selon la même nomenclature que celle du tableau des immobilisations.
(b) Les entités subdivisent les colonnes pour autant que de besoin [cf. ci-dessous développement des colonnes B (augmentations) et C (diminutions)].
(c) Les amortissements cumulés à la fin de l'exercice sont égaux à la somme algébrique des colonnes précédentes (A + B – C = D).

Immobilisations corporelles :

A = Amortissements cumulés des immobilisations corporelles au 31 décembre N – 1 : 145 000
C = Annulation des amortissements du matériel informatique et de l'outillage : 10 000 + 1 500 = 11 500
D = Amortissements à déduire au bilan exercice N : 220 000
B = Dotations de l'exercice = **D + C – A** : 86 500 = 220 0000 + 11 500 – 145 000

Le tableau des soldes intermédiaires de gestion

FICHE 41

1 ♦ DÉFINITION

Le tableau des soldes intermédiaires de gestion (SIG) permet de ***comprendre la formation du résultat net*** et de suivre l'évolution de la ***performance*** et de la ***rentabilité*** de l'activité de l'entreprise.

2 ♦ LA NATURE DES SOLDES ET LEUR CALCUL

Les soldes intermédiaires de gestion comprennent ***neuf soldes successifs*** calculés à partir des éléments du compte de résultat. Ils se définissent et se déterminent comme suit :

Marge commerciale
Ressource dégagée par l'activité commerciale de l'entreprise
Ventes nettes de marchandises – Coût d'achat des marchandises vendues
Production de l'exercice
Niveau d'activité de production de l'entreprise
Production vendue ± Production stockée + Production immobilisée
Valeur ajoutée
Richesse créée par l'entreprise
Marge commerciale + Production de l'exercice – Consommation de l'exercice en provenance des tiers
Excédent brut d'exploitation (EBE)
Performance économique de l'entreprise
Valeur ajoutée + Subventions d'exploitation – Impôts et taxes – Charges de personnel

Résultat d'exploitation
Ressource nette dégagée par l'activité normale de l'entreprise
Excédent brut d'exploitation + Reprises et transferts sur charges d'exploitation + Autres produits de gestion – Dotations aux amortissements, dépréciations et provisions d'exploitation – Autres charges de gestion
Résultat courant avant impôt
Rentabilité de l'activité économique et financière de l'entreprise
Résultat d'exploitation ± Quotes-parts des résultats en commun + Produits financiers – Charges financières
Résultat exceptionnel
Ressources dégagées par les opérations non courantes de l'entreprise
Produits exceptionnels – Charges exceptionnelles
Résultat net de l'exercice
Ressources qui restent à la disposition de l'entreprise et le revenu des associés après impôt
Résultat courant avant impôt ± Résultat exceptionnel – Participation des salariés – Impôt sur les bénéfices

Plus-values et moins-values sur cessions d'éléments d'actif
Résultat sur cessions d'éléments d'actif immobilisé déjà inclus dans le résultat exceptionnel
Produits des cessions d'éléments d'actif – Valeurs comptables des éléments d'actif cédés

Attention ! L'excédent brut d'exploitation (EBE) peut être négatif ; il s'agit alors d'une insuffisance brute d'exploitation (IBE) qui traduit une rentabilité insuffisante. Notons que l'évolution attendue de la structure du compte de résultat dans le cadre de la transposition de la directive comptable unique aura une incidence sur la hiérarchie des soldes intermédiaires de gestion.

♦ Application

L'entreprise Chimor vous communique les éléments suivants :

Achats de marchandises	*26 400*
Achats stockés – Matières (et fournitures)	*46 000*
Autres services extérieurs	*19 000*
Charges de sécurité sociale et de prévoyance	*9 100*
Charges exceptionnelles sur opération de gestion	*250*
Dotations aux amortissements sur immobilisations corporelles	*900*
Impôts, taxes et versements assimilés	*2 300*
Intérêts des emprunts et dettes	*240*
Produits des cessions d'éléments d'actif	*100*
Produits nets sur cessions de valeurs mobilières de placement	*50*
Rémunérations du personnel	*29 000*
Reprises sur provisions financières	*20*
Revenus des valeurs mobilières de placement	*130*
Services extérieurs	*40 000*
Subventions d'exploitation	*200*
Valeurs comptables des éléments d'actif cédés	*50*
Ventes de marchandises	*75 400*
Ventes de produits finis	*95 000*
Variation des en-cours de production de biens	*+ 12 000*
Variation des stocks de marchandises	*+ 8 000*
Variation des stocks de matières (et fournitures)	*– 1 000*

- Coût d'achat des marchandises vendues
  26 400 + 8 000 = 34 400 €
- Consommation de l'exercice en provenance des tiers
  (46 000 – 1 000) + 40 000 + 19 000 = 104 000 €
- Charges de personnel
  29 000 + 9 100 = 38 100 €
- Produits financiers
  130 + 50 + 20 = 200 €
- Charges exceptionnelles
  250 + 50 = 300 €

Produits (Colonne 1)		**Charges** (Colonne 2)		**Soldes intermédiaires** (Colonne 1 – Colonne 2)	**N**	**N – 1**
Ventes de marchandises............	75 400	Coût d'achat des marchandises vendues....................................	34 400	Marge commerciale....................	41 000	....
Production vendue.................... Production stockée.................... Production immobilisée.............	95 000 12 000	ou Déstockage de production (a).	0			
Total..	107 000	**Total**..	0	Production de l'exercice.............	107 000	....
Production de l'exercice.......... Marge commerciale................	107 000 41 000					
Total..	148 000	Consommation de l'exercice en provenance de tiers....................	104 000	Valeur ajoutée...........................	44 000	....
Valeur ajoutée.......................... Subventions d'exploitation.........	44 000 200	Impôts, taxes et versements assimilés (b).............................. Charges de personnel.................	2 300 38 100			
Total..	44 200	**Total**..	40 400	Excédent brut (ou insuffisance brute) d'exploitation..................	3 800	....
Excédent brut d'exploitation....... Reprises sur charges et transferts de charges................................ Autres produits..........................	3 800 0 0	ou Insuffisance brute d'exploitation........................ Dotations aux amortissements, dépréciations et provisions......... Autres charges...........................	0 900 0			
Total......................................	3 800	**Total**......................................	900	Résultat d'exploitation (bénéfice ou perte)..................................	2 900	....
Résultat d'exploitation............... Quotes-parts de résultats sur opérations faites en commun..... Produits financiers.....................	2 900 0 200	ou Résultat d'exploitation.......... Quotes-parts de résultats sur opérations faites en commun..... Charges financières...................	0 0 240			
Total......................................	3 100	**Total**......................................	240	Résultat courant avant impôts (bénéfice ou perte)....................	2 860	....
Produits exceptionnels................	100	Charges exceptionnelles........	300	Résultat exceptionnel (bénéfice ou perte)..................................	– 200	....
• Résultat courant avant impôts.. Résultat exceptionnel................	2 860 0	ou Résultat courant avant impôts..................................... ou Résultat exceptionnel............ Participation des salariés............ Impôts sur les bénéfices.............	0 200 0 0			
Total.....................................	2 860	**Total**......................................	200	Résultat de l'exercice (bénéfice ou perte) c)...............................	2 660	....
Produits des cessions d'éléments d'actif......................................	100	Valeur comptable des éléments cédés.......................................	50	Plus-values et moins-values sur cessions d'éléments d'actif.........	50	....

(a) En déduction des produits dans le compte de résultat.

(b) Pour le calcul de la valeur ajoutée, sont assimilés à des consommations externes les impôts indirects à caractère spécifique inscrits au compte 635 « Impôts, taxes et versements assimilés » et acquittés lors de la mise à la consommation des biens taxables.

(c) Soit total général des produits – total général des charges.

À la suite du test de dépréciation effectué fin N la VA du fonds commercial est évaluée à 92 000 € alors que sa VNC est de 105 000 €. Lors de l'exercice suivant, l'indice de perte n'existe plus.

La détermination de la capacité d'autofinancement

FICHE 42

1 ♦ DÉFINITION

La capacité d'autofinancement (CAF) est l'***excédent de ressources internes*** dégagées par l'entreprise durant l'exercice pour ***rémunérer*** les associés, ***renouveler*** et ***accroître*** les investissements, ***augmenter*** le fonds de roulement et ***rembourser*** les dettes. Elle permet de mesurer la ***capacité de développement*** de l'entreprise, ainsi que son ***indépendance financière***.

2 ♦ LE CALCUL DE LA CAPACITÉ D'AUTOFINANCEMENT

La CAF est calculée à partir du compte de résultat et de l'***excédent brut d'exploitation***.

La CAF est la ***différence*** entre les ***produits encaissables*** (sauf produits des cessions d'éléments d'actif) et les ***charges décaissables***.

La correspondance des comptes avec les éléments constitutifs de la CAF est la suivante :

	Excédent brut d'exploitation (ou insuffisance brute d'exploitation)	
+	Transferts de charges (d'exploitation)	791
+	Autres produits (d'exploitation)	75
–	Autres charges (d'exploitation)	65
±	Quotes-parts de résultat sur opérations faites en commun	755 – 655
+	Produits financiers **(a)**	76 et 796
–	Charges financières **(b)**	66
+	Produits exceptionnels **(c)**	771 et 778 et 797
–	Charges exceptionnelles **(d)**	671 et 678
–	Participation des salariés aux résultats	691
–	Impôts sur les bénéfices	695
=	CAPACITÉ D'AUTOFINANCEMENT	

(a) Sauf reprises sur dépréciations et provisions.
(b) Sauf dotations aux amortissements, dépréciations et provisions financiers.
(c) Sauf : – produits des cessions d'immobilisations,
– quotes-parts des subventions d'investissement virées au résultat de l'exercice,
– reprises sur dépréciations et provisions exceptionnelles.
(d) Sauf : – valeur comptable des immobilisations cédées,
– dotations aux amortissements, dépréciations et provisions exceptionnels.

♦ Application

La société Chimor fournit les renseignements suivants :

Charges exceptionnelles sur opération de gestion	*250*
Dotations aux amortissements sur immobilisations corporelles	*900*
Excédent brut d'exploitation	*3 800*
Intérêts des emprunts et dettes	*240*
Produits des cessions d'éléments d'actif	*100*
Produits nets sur cessions de valeurs mobilières de placement	*50*
Reprises sur provisions financières	*20*
Revenus des valeurs mobilières de placement	*130*
Valeurs comptables des éléments d'actif cédés	*50*

Excédent brut d'exploitation (ou insuffisance brute d'exploitation)	3 800
+ Transferts de charges (d'exploitation)	
+ Autres produits (d'exploitation)	
– Autres charges (d'exploitation)	
± Quotes-parts de résultat sur opérations faites en commun	
+ Produits financiers **(a)**	180
– Charges financières **(b)**	240
+ Produits exceptionnels **(c)**	
– Charges exceptionnelles **(d)**	250
– Participation des salariés aux résultats	
– Impôts sur les bénéfices	
= CAPACITÉ D'AUTOFINANCEMENT	**3 490**

Le tableau de financement

FICHE 43

1 ♦ DÉFINITION

Le tableau de financement fait apparaître les ***variations d'emplois et de ressources*** survenues pendant un exercice.

Le tableau de financement permet de suivre ***l'évolution du patrimoine*** de l'entreprise et facilite l'analyse des décisions stratégiques qu'elle a mise en œuvre.

Le tableau de financement s'établit à partir de deux bilans successifs et de renseignements complémentaires fournis dans l'annexe.

2 ♦ LA STRUCTURE DU TABLEAU DE FINANCEMENT

Le tableau de financement se compose des deux parties suivantes :

- Tableau I : tableau des emplois et des ressources
- Tableau II : tableau des variations du fonds de roulement net global

A – Tableau I : tableau des emplois et des ressources

Il est consacré ***aux ressources et aux emplois stables de l'exercice*** ; il permet d'expliquer comment s'est formée la variation du fonds de roulement net global (FRNG).

Le fonds de roulement net global représente la part ***des ressources durables consacrée à financer des emplois circulants***. Il constitue une marge de sécurité financière pour l'entreprise.

B – Tableau II : tableau des variations du fonds de roulement net global

Il permet d'expliquer comment la variation positive du fonds de roulement net global a été utilisée ou comment la variation négative du fonds de roulement net global a été couverte. Il permet d'apprécier la gestion du cycle d'exploitation de l'entreprise.

♦ Application

La société Robin fournit le tableau de financement présenté page suivante :
– l'entreprise a-t-elle investi au cours de l'exercice N ?
– quels sont les moyens de financement utilisés ?
– le fonds de roulement net global a-t-il augmenté ou diminué en N – 1 et N ?
– le besoin en fonds de roulement a-t-il augmenté ou diminué en N – 1 et N ?

I. Tableau de financement en compte

EMPLOIS	Exercice N	Exercice N – 1	RESSOURCES	Exercice N	Exercice N – 1
Distributions mises en paiement au cours de l'exercice	5 620	4 160	Capacité d'autofinancement de l'exercice	71 295	46 545
Acquisitions d'éléments de l'actif immobilisé :			Cessions ou réductions d'éléments de l'actif immobilisé :		
Immobilisations incorporelles			Cessions d'immobilisations :		
Immobilisations corporelles	127 256	48 000	– incorporelles		
Immobilisations financières			– corporelles	4 480	8 640
Charges à répartir sur plusieurs exercices **(a)**	3 960		Cessions ou réductions d'immobilisations financières		
Réduction des capitaux propres			Augmentation des capitaux propres :		
(réduction de capital, retraits)			Augmentation de capital ou apports	45 360	
Remboursements de dettes financières **(b)**	20 352	19 200	Augmentation des autres capitaux propres		
			Augmentation des dettes financières **(b) (c)**	30 840	24 000
Total des emplois	157 188	71 360	**Total des ressources**	151 975	79 185
Variation du fonds de roulement net global (ressource nette)		7 825	Variation du fonds de roulement net global (emploi net)	5 213	

(a) Montant brut transféré au cours de l'exercice.
(b) Sauf concours bancaires courants et soldes créditeurs de banques.
(c) Hors primes de remboursement des obligations.

II. Tableau de financement en compte

Variation du fonds de roulement net global	Exercice N			Exercice N –1
	Besoins 1	Dégagement 2	Solde 2 – 1	Solde
Variation « Exploitation »				
Variation des actifs d'exploitation :				
Stocks et en-cours	9 280			
Avances et acomptes versés sur commandes		1 600		
Créances Clients, Comptes rattachés et autres créances d'exploitation **(a)**	36 667			
Variation des dettes d'exploitation :				
Avances et acomptes reçus sur commandes en cours				
Dettes Fournisseurs, Comptes rattachés et autres dettes d'exploitation **b)**		45 784		
Totaux	45 947	47 384		
A. Variation nette « Exploitation » : **(c)**			1 437	2 240
Variation « Hors exploitation »				
Variation des autres débiteurs **(a) (d)**	200			
Variation des autres créditeurs **(b)**		27 824		
Totaux	200	27 824		
B. Variation nette « Hors exploitation » **(c)**			27 624	– 2 560
Total A +B :				
Besoins de l'exercice en fonds de roulement				– 320
ou				
Dégagement net de fonds de roulement dans l'exercice			29 061	
Variation « Trésorerie »				
Variation des disponibilités		1 920		
Variation des concours bancaires courants et soldes créditeurs de banques	25 768			
Totaux	25 768	1 920		
C. Variation nette « Trésorerie » **(c)**			– 23 848	– 7 505
Variation du fonds de roulement net global				
(Total A +B + C) :				
Emploi net				7 825
ou				
Ressource nette			5 213	

(a) Y compris charges constatées d'avance selon leur affectation à l'exploitation ou non.
(b) Y compris produits constatés d'avance selon leur affectation à l'exploitation ou non.
(c) Les montants sont assortis du signe (+) lorsque les dégagements l'emportent sur les besoins et du signe (–) dans le cas contraire.
(d) Y compris valeurs mobilières de placement.
Nota : Cette partie II du tableau peut être adaptée au système de base. Dans ce cas, les variations portent sur l'ensemble des éléments ; aucune distinction n'est faite entre exploitation et hors exploitation.

• Investissement au cours de l'exercice N

Les investissements représentent des emplois stables et concernent donc le tableau I.

La société Robin a acquis, au cours de l'exercice N, 127 256 € d'immobilisations corporelles.

• Moyens de financement utilisés

Les moyens de financement utilisés pour financer les emplois stables sont des ressources stables et concernent donc le tableau I.

Pour financer ses investissements, la société Robin a notamment augmenté son capital au cours de l'exercice N de 45 360 € et a emprunté 30 840 €.

• Variation du fonds de roulement net global en N – 1 et N

La variation du fonds de roulement net global s'apprécie à la lecture du tableau I :

– lorsque les ressources durables de l'exercice sont supérieures aux emplois stables de l'exercice, le fonds de roulement net global augmente ; c'est le cas pour l'exercice N – 1 :

Ressources stables	–	Emplois stables	=	Ressource nette
79 185	–	71 360	=	7 825 €

On constate une amélioration du fonds de roulement net global ;

– lorsque les ressources durables de l'exercice sont inférieures aux emplois stables de l'exercice, le fonds de roulement net global diminue ; c'est le cas pour l'exercice N :

Emplois stables	–	Ressources stables	=	Emploi net
157 188	–	151 975	=	5 213 €

On constate une dégradation du fonds de roulement net global.

• Variation du besoin en fonds de roulement en N – 1 et N

La variation du besoin en fonds de roulement s'apprécie d'après les données du tableau II (un solde est calculé pour chaque rubrique) :

– lorsque les besoins sont supérieurs aux dégagements, le solde est négatif ce qui signifie un accroissement du besoin en fonds de roulement ; c'est le cas pour l'exercice N – 1. Le solde est négatif (– 320 €) ; on assiste donc à un accroissement du besoin en fonds de roulement ;

– lorsque les besoins sont inférieurs aux dégagements, le solde est positif ce qui signifie une diminution du besoin en fonds de roulement ; c'est le cas pour l'exercice N. Le solde est positif (+ 29 061 €) ; on constate donc une diminution du besoin en fonds de roulement.

Cet ouvrage a été achevé d'imprimer dans les ateliers de Leitzaran (Espagne)
Numéro d'impression : 570 - Dépôt légal : Août 2018